AUTORE

Francesco Mattesini, nato ad Arezzo il 14 aprile 1936, residente a Roma dall'estate 1951, ha prestato servizio, tra il febbraio 1958 e il luglio 1999, presso il IV Reparto dello Stato Maggiore dell'Esercito. Studioso ed esperto di guerra aeronavale, ricercatore abile e meticoloso, già attivo collaboratore del Giornale d'Italia per il quale ha curato la rubrica "Verità Storiche", ha scritto, svelando molti retroscena, numerosissimi articoli di carattere politico-militare su quotidiani e stampa specializzata, ed ha pubblicato, negli anni '80, con editori privati, i volumi "La battaglia d'Inghilterra"; "Il giallo di Matapan"; "La battaglia aeronavale di mezzo agosto"; e con coautore, ma soltanto per la parte politica, il Prof. Alberto Santoni, "La partecipazione tedesca alla guerra aeronavale nel Mediterraneo", alla seconda edizione, (2005), di cui ha curato tutta la parte della ricerca, operativa, statistica e grafica. Collaboratore dell'Ufficio Storico della Marina Militare, dal quale ebbe l'incarico di effettuare una severa e precisa revisione storica dei libri pubblicati negli anni 1950-1980, Mattesini ha pubblicato "La battaglia di Punta Stilo"; "Betasom. La guerra negli Oceani"; "La battaglia di Capo Teulada"; "L'Operazione Gaudo e lo scontro notturno di Capo Matapan"; "La Marina e l'8 Settembre", in due tomi; e i primi quattro volumi della collana "Corrispondenza e direttive tecnico operative di Supermarina" (1939-1941), oltre a 60 saggi per il Bollettino d'Archivio dell'Ufficio Storico della Marina Militare. Contemporaneamente, per l'Ufficio Storico dell'Aeronautica, Mattesini ha realizzato la collana in due volumi (quattro tomi), "Le direttive tecnico operative di Superaereo 1940-1943", e il volume "L'attività aerea italo-tedesca nel Mediterraneo, gennaio-maggio 1941". Nel 2019-2020 Mattesini ha pubblicato "Luci e ombre degli aerosiluranti italiani Agosto 1940 – Settembre 1943"; "La battaglia aeronavale di mezzo-agosto" rielaborata e aggiornata; "Punta Stilo 9 luglio 1940, 80° anniversario della prima battaglia aeronavale della storia"; "L'agguato di Matapan"; "La battaglia aeronavale di Mezzo Giugno"; "Il Giallo di Capo Bon"; 8 Settembre 1943". "Dall'Armistizio al mito della difesa di Porta San Paolo"; "Il Blocco di Malta e l'Esigenza "C.3". È socio da moltissimi anni della Società di Storia Militare (SISM) e della Associazione Italiana Documentazione Marittima Navale (AIDMEN), per le quali ha prodotto diversi saggi, e molti altri nella sua pagina del sito Academia Edu. Per Luca Cristini editore a oggi ha al suo attivo quasi una decina di titoli, tra cui nella serie Storia: "La notte di Taranto dell'11 novembre 1941", "La battaglia di Creta maggio 1941, La guerra civile spagnola e la Regia Marina italiana, Testimonianze di guerra nell'estate del 1944 a Castel Focognano e L'attacco dei sommergibili tedeschi e italiani nei mari delle Indie occidentali (1942) e molti altri.

PUBLISHING'S NOTES

None of unpublished images or text of our book may be reproduced in any format without the expressed written permission of Luca Cristini Editore (already Soldiershop.com) when not indicate as marked with license creative commons 3.0 or 4.0. Luca Cristini Editore has made every reasonable effort to locate, contact and acknowledge rights holders and to correctly apply terms and conditions to Content. Every effort has been made to trace the copyright of all the photographs. If there are unintentional omissions, please contact the publisher in writing at: info@soldiershop.com, who will correct all subsequent editions.
Our trademark: Luca Cristini Editore©, and the names of our series & brand: Soldiershop, Witness to war, Museum book, Bookmoon, Soldiers&Weapons, Battlefield, War in colour, Historical Biographies, Darwin's view, Fabula, Altrastoria, Italia Storica Ebook, Witness To History, Soldiers, Weapons & Uniforms, Storia etc. are herein © by Luca Cristini Editore.

LICENSES COMMONS

This book may utilize part of material marked with license creative commons 3.0 or 4.0 (CC BY 4.0), (CC BY-ND 4.0), (CC BY-SA 4.0) or (CC0 1.0). We give appropriate attribution credit and indicate if change were made in the acknowledgments field. Our WTW books series utilize only fonts licensed under the SIL Open Font License or other free use license.
For a complete list of Soldiershop titles please contact Luca Cristini Editore on our website: www.soldiershop.com or www.cristinieditore.com. E-mail: info@soldiershop.com

Titolo: **LA DISTRUZIONE DEL CONVOGLIO "TARIGO" 15-15 APRILE 1941** Code.: **WTW-065**
Di Francesco Mattesini.
ISBN code: 9791255892090 prima edizione febbraio 2025
Lingua: Italiano dimensione: 177,8x254mm Cover & Art Design: Luca S. Cristini

WITNESS TO WAR (SOLDIERSHOP) is a trademark of Luca Cristini Editore, via Orio, 35/4 - 24050 Zanica (BG) ITALY.

WITNESS TO WAR

LA DISTRUZIONE DEL CONVOGLIO "TARIGO" 15-16 APRILE 1941

UNA SCONOSCIUTA VERITÀ STORICA. IL SILURAMENTO E AFFONDAMENTO DEL CACCIATORPEDINIERE BRITANNICO *MOHAWK* DAI SILURI LANCIATI DAI CACCIATORPEDINIERE ITALIANI *LUCA TARIGO* E *LAMPO*

PHOTOS & IMAGES FROM WORLD WARTIME ARCHIVES

FRANCESCO MATTESINI

BOOKS TO COLLECT

INDICE

L'inizio del trasferimento del "Deutsche Afrika Korps" dall'Italia in Libia e le modalità inerenti alle scorte navali e aeree italiane e tedesche ai convogli navali .... Pag. 5

Il trasferimento a Malta dei cacciatorpediniere britannici della 14ª Flottiglia .... Pag. 11

La navigazione del convoglio "Tarigo" da Napoli alle secche di Kerkennah .... Pag. 26

L'attacco dei cacciatorpediniere della 14ª Flottiglia. La versione britannica .... Pag. 31

Lo svolgimento dell'azione navale. La versione italiana .... Pag. 40

La verità sull'affondamento del cacciatorpediniere britannico Mohawk .... Pag. 50

Il salvataggio dei naufraghi .... Pag. 61

Il contegno del personale .... Pag. 69

Le osservazioni sul convogliamento dalla Relazione del Comandante del cacciatorpediniere "Lampo" .... Pag. 74

L'errore di avvistamento del cacciatorpediniere italiano "Ugolino Vivaldi" .... Pag. 75

Conclusioni .... Pag. 78

Bibliografia .... Pag. 97

▲ Il cacciatorpediniere Lampo alle prove di macchina nel golfo di Napoli appena entrato in serviuzio nell'estate del 1932

L'INIZIO DEL TRASFERIMENTO DEL "DEUTSCHE AFRIKA KORPS" DALL'ITALIA IN LIBIA E LE MODALITA' INERENTI ALLE SCORTE NAVALI E AEREE ITALIANE E TEDESCHE AI CONVOGLI

Ai primi di gennaio 1941, l'Ufficiale addetto dell'Alto Comando delle Forze Armate Germaniche (Oberkommando der Wehrmacht - OKW) a Roma, generale Enno von Rintelen, comunicò a Berlino che in Albania e in Nord Africa le condizioni degli italiani erano critiche, perché le truppe britanniche e greche erano ovunque all'offensiva. Ne conseguì che il Cancelliere della Germania Adolf Hitler, volendo evitare un completo collasso dell'alleato meridionale dell'Asse, il quale avrebbe finito per condizionare tutti i suoi piani, decise di inviare un corpo di spedizione tedesco in Libia. Gli intendimenti del Führer, lungamente meditati per non rischiare un insuccesso, dopo essere stati discussi in una conferenza con i Capi Militari delle Forze Armate germaniche, il 10 gennaio vennero portati a conoscenza dello Stato Maggiore Generale italiano (Comando Supremo), e poi trasmessi l'indomani con la Direttiva n° 22. In essa Hitler specificava che il compito principale del X Fliegerkorps, la grande unità aerea della Luftwaffe che proprio in quel periodo stava affluendo in Sicilia, era "*quello di combattere le forze navali inglesi nel Mediterraneo, in modo da dare il massimo appoggio all'Esercito del maresciallo Graziani*".[1]

Fin dall'12 dicembre 1940, Supermarina, il Comando operativo dello Stato Maggiore della Regia Aeronautica, aveva messo in risalto in un suo promemoria, di poter riconquistare il dominio del Mediterraneo contando sul contributo del X Fliegerkorps, il cui intervento avrebbe potuto creare per la Squadra Navale italiana condizioni favorevoli per intervenire contro la flotta britannica. L'occasione attesa si presentò nei giorni fra il 9 e il 12 gennaio 1941, quando la Flotta britannica del Mediterraneo (Mediterranean Fleet) di base ad Alessandria, attuando l'operazione "Excess", si spinse all'entrata del Canale di Sicilia per prelevare un convoglio proveniente dall'Inghilterra, in parte diretto a Malta e in parte in Grecia, scortato dalla Forza H di Gibilterra, la Squadra navale britannica operante nel Mediterraneo occidentale durante la traversata di quel tratto di mare.

Gli aerei tedeschi, operando in concomitanza con quelli italiani, inflissero una dura lezione alla Mediterranean Fleet, affondando l'incrociatore *Southampton* e danneggiando il gemello *Gloucester* e la modernissima portaerei *Illustrious*, che fu colpita gravemente da ben sette grosse bombe, sei sganciate dai bombardieri in picchiata Ju.87 del 3° Stormo Stuka, con i Gruppi I./St.G.1 e II./St.G.2, e una da 1.000 chili sganciata dagli Ju.87" del 96° Gruppo Tuffatori della Regia Aeronautica.[2]

Nei giorni successivi i reparti del X Fliegerkorps cominciarono a rivolgere la loro attenzione agli obiettivi di Malta, nell'intendimento di eliminare gli ancoraggi di La Valletta come base navale d'appoggio per le unità della Mediterranean Fleet, e per rendere la base sommergibili e i tre aeroporti dell'isola inutilizzabili quale trampolino di attacco contro i porti italiani e per insidiare il traffico dell'Asse diretto in Libia. Ma mentre il primo intendimento fu rapidamente raggiunto, con l'allontanamento da La Valletta delle navi di superficie britanniche, che furono anche costrette a sospendere ogni progetto di operazione nel Mediterraneo centrale, quello di eliminare i sommergibili e le forze aeree offensive risultò di ben più difficile realizzazione.

Le unità subacquee continuarono ad agire da Malta, ed anzi, con l'arrivo di alcune unità della nuova classe "U", cominciarono a rendersi molto pericolose contro il traffico navale italiano. Nel contempo la Royal Air Force (RAF) dell'isola poté proseguire i suoi bombardamenti sui porti, su quello di Tripoli in particolare,

---

1 Francesco Mattesini, *Corrispondenza e Direttive Tecnico-Operative di Supermarina*, Volume Secondo I Tomo, Gennaio 1941 – Giugno 1942, Ufficio Storico della Marina Militare, Roma, 2001.

2 *Dalle operazioni britanniche "Excess" e "MC.4" al bombardamento navale di Genova*, RiStampa Edizioni, Santa Ruffina di Cittaducale (RI), 2023.

mentre l'Aviazione della Marina britannica (Fleet Air Arm – FAA) registrò il 27 gennaio il primo successo delle forze aeree di Malta contro il naviglio in mare. In quell'occasione i suoi velivoli Swordfish dell'830° Squadron della FAA attaccarono in pieno giorno un convoglio di due piroscafi tedeschi diretti a Tripoli, con la scorta di navi italiane, ed affondarono col siluro l'*Ingo*, mentre il *Duisburg* fu danneggiato dal sommergibile *Upholder* (capitano di corvetta Malcolm David Wainklen), ma poté raggiungere il porto di destinazione.

▲ Il piroscafo Tedesco *Duisburg* in immagine dell'anteguerra, che il 27 gennaio 1941 fu silurato e danneggiato dal sommergibile *Upholder* della 10ª Flottiglia df Malta.

Questo episodio determinò nell'ambito dei Comandi italiani una notevole preoccupazione, seguita da uno scambio di accuse tra Supermarina e Superaereo per il mancato appoggio degli aerei da caccia nazionali, assenti al momento in cui si sviluppo l'attacco aereo al convoglio, perché secondo le errate norme aeronavali in vigore essi si trovarono dislocati in allarme sugli aeroporti. Ragion per cui non poterono arrivare in tempo sulle navi per contrastare l'azione degli aerosiluranti britannici.

Di fronte alle lamentele dell'ammiraglio Arturo Riccardi, Sottosegretario di Stato e Capo di Stato Maggiore della Regia Marina, che minacciò addirittura di dover interrompere il traffico con la Libia se non fosse stata assicurata la protezione aerea ai convogli, il suo collega dell'Aeronautica, generale Francesco Prico-lo, convenne che occorreva fare qualcosa di concreto. Pertanto, stabilì che da quel momento i movimenti na-vali sarebbero stati scortati dagli aerei lungo le rotte, fino a quando l'avesse permesso l'autonomia dei velivoli. Il momento era allora particolarmente delicato, perché stava per iniziare il trasferimento da Napoli a Tripoli dei primi reparti della 5ª Divisione Leggera tedesca del generale Erwin Rommel, Comandante della Deutsche Africa Korps, per la cui protezione il generale Alfredo Guzzoni, Sottocapo di Stato Maggiore Generale (Co-mando Supremo) chiese a Supermarina di assicurarne l'incolumità con scorte navali adeguate.

Supermarina si dichiarò pronto a collaborare nei limiti del possibile, affermando che avrebbe assegnato alla scorta dei convogli unità leggere e di assumersi l'onere della protezione antisom delle rotte nelle vicinanze dei porti con velivoli della Ricognizione Marittima.

▲ Il generale Erwin Rommel Comandante del Deutsche Africa Korps.

Invece Superaereo trovò difficoltà ad assumere l'incarico di proteggere le unità navali, e chiese l'appoggio dell'aviazione tedesca, tramite l'Ufficiale di Collegamento germanico presso il comando del X Fliegerkorps, generale Maximilian Ritter von Pohl. Questi aderì a fornire ai convogli italiani le seguenti forme di protezione: scorta con aliquote da caccia a lungo raggio nelle zone non coperte dai velivoli italiani; bombardamenti sistematici contro le basi di Malta occupate dai sommergibili e dagli aerei britannici; crociere d'interdizione nei pressi dell'isola.

Tuttavia, questo sostanziale aiuto germanico non fu considerato a Roma del tutto soddisfacente. Se ne rese interprete il generale Guzzoni, il quale, dopo aver rifiutato di concedere al X Fliegerkorps la possibilità di dislocare reparti da bombardamento in Egeo – perché Superaereo e Supermarina si erano dichiarati contrari ad assumersi l'onere dei trasporti di benzina occorrente ai velivoli tedeschi – il 5 febbraio chiese al generale Pricolo di invitare il Comando della grande unità germanica ad assumersi interamente i compito delle scorte aeree dei convogli tedeschi per la Libia, lasciando all'Aeronautica italiana la protezione di quelli italiani.

Naturalmente questa proposta non poteva essere accolta dai tedeschi nella forma desiderata dal generale Guzzoni. Nondimeno il Comandante del X Fliegerkorps, generale Hans Ferdinand Geisler, decise di assumersi l'onere di sostituire le scorte aeree italiane fuori dal raggio delle 100 miglia dagli aeroporti della Sicilia e della Tripolitania, e di assicurare ai convogli la protezione antisommergibile lungo l'intero percorso da Napoli a Tripoli. Questi compiti furono inseriti in una direttiva compilata dal generale Pricolo il 6 febbraio e poi aggiornata tre giorni più tardi.

Nel contempo, anche l'Organo Operativo dell'Alto Comando della Marina germanica (Seekriegsleitung –

S.K.L.) ed il Comando Supremo italiano avevano avanzato proposte concrete per assicurare una maggiore protezione navale al traffico tedesco diretto in Libia, le cui scorte erano al momento limitate ad una sola silurante e ad una nave ausiliaria italiane per ogni convoglio. Supermarina, lamentando la mancanza di naviglio leggero, si dimostrò allora abbastanza avara nell'affrontare il problema, dal momento che, nelle direttive impartite il 10 febbraio ai comandi marittimi, si limitò ad assegnare due sole siluranti a ciascun convoglio, una delle quali doveva anche assumersi l'incarico di eseguire "*dragaggio in corsa delle zone minabili*".

Oltre al trasporto delle truppe da parte tedesca si voleva che gli italiani assumessero un atteggiamento offensivo anche nei riguardi dei rifornimenti che affluivano, per le rotte costiere, alle prime linee britanniche in Cirenaica, e contro i relativi movimenti della Mediterranean Fleet.

Pertanto, il 2 febbraio, il generale von Rintelen chiese al Comando Supremo, per incarico dell'OKW, se da parte italiana vi fosse "*l'intenzione di ritardare con forze navali di superficie l'ulteriore occupazione di basi navali*" italiane della Cirenaica "*da parte della flotta inglese*". Il generale Guzzoni, sentito il parere di Supermarina, rispose l'indomani affermando che non era possibile l'impiego di sufficienti forze navali di superficie italiane a causa della preponderanza della flotta nemica.[3]

▲► Benito Mussolini con il generale Enno von Rintelen e nella pagina a dx il generale della Lufttwaffe M. Ritter von Pohl.
Erano gli ufficiali di collegamento a Roma, presso il Comando Supremo e presso la Regia Aeronautica.

Lo stesso giorno 3 febbraio Hitler, in una conferenza con i suoi capi militari, prendeva la decisione di assegnare al X Fliegerkorps ulteriori compiti operativi, concernenti: nel dare appoggio al fronte terrestre italiano in Libia; nell'attaccare in Mediterraneo la flotta e il traffico navale britannico, e nel neutralizzare la base di Malta. Compito, quest'ultimo, che la grande unità aerea germanica, cominciò a svolgere dalla Sicilia con una massa iniziale di circa duecentocinquanta velivoli bellici, dedicando la sua attività principalmente contro la base navale di La Valletta e contro gli impianti aeroportuali dell'isola. Il risultato di questa intensa attività fu subito positivo, dal momento che rimase quasi interamente distrutto l'830° Squadron di aerosiluranti "Swordfish" dell'Aviazione Navale britannica, e la stessa sorte subì il 148° Squadron da bombardamento della RAF, fino ad allora intensamente impiegato contro i porti italiani, i cui pochi velivoli "Wellington" superstiti furono trasferiti in Egitto.[4]

3   Francesco Mattesini, *Corrispondenza e Direttive Tecnico-Operative di Supermarina*, Volume Secondo I Tomo, Gennaio 1941 – Giugno 1942, Ufficio Storico della Marina Militare, Roma, 2001.
4   I successi conseguiti dal X Fliegerkorps contro Malta e contro la flotta britannica, a cui a partire dall'inizio di aprile 1941 si sarebbero aggiunti quelli conseguiti in Cirenaica dall'Afrika Korps del generale Rommel e quelli travol-

genti delle armate della Wehrmacht in Jugoslavia, in Grecia e a Creta, condussero i Comando italiani all'amara consapevolezza che ormai la soluzione vittoriosa della guerra nel Mediterraneo era sostanzialmente affidata al contributo offerto dalle armi germaniche. Ciò, inevitabilmente, comportò subito un diminuito prestigio delle Forze Armate del Regno, che non erano riuscite a superare il periodo di crisi derivante dalle dure sconfitte verificatesi nel corso dell'autunno e dell'inverno 1940-1941 sul fronte aero-navale del Mediterraneo e su quelli terrestri greco-albanese e libico-egiziano.

Ma se la minaccia degli aerei diminuì in seguito ai colpi di maglio della Luftwaffe, un pericolo costante conti-nuò ad essere rappresentato dai sommergibili della 10ª Squadriglia base a La Valletta, uno dei quali, l'*Upright* (tenente di vascello Edward Dudley Norman), il 25 febbraio attaccò una divisione di incrociatori italiani (la 4ª) salpata da Palermo per scortare un convoglio diretto a Tripoli, affondando l'*Armando Diaz* (capitano di vascello Francesco Mazzola) nei pressi delle secche di Kerkenna (Tunisia).

Questa perdita, aggiunta alla minaccia che derivava dall'attività dei sommergibili britannici contro i convogli, convinse Supermarina a correre subito ai ripari. Essa, pertanto, destinò ad operare tra l'Isola di Marettimo e Tripoli quattro squadriglie di torpediniere, con complessive quindici unità, ed impartì loro le direttive concernenti le modalità da esplicare nella ricerca delle unità subacquee e le zone in cui avrebbero dovuto operare. Successivamente, nell'apportare alcune varianti alla dislocazione delle torpediniere di costruzione moderna, dislocate a sud di Napoli e a sud di Brindisi, Supermarina specificava che erano disponibili un totale di ventidue unità, incluse le sette che in quel momento si trovavano ai lavori. Decise poi che le nove torpediniere più anziane, quelle del 9° Gruppo, sarebbero state impiegate da Palermo nel solo servizio di scorta ai convogli nazionali tra Marettimo e Tripoli, unitamente ad altre unità di scorta e ai cacciatorpediniere di volta in volta designati per quell'importante compito.

Nel frattempo, però il frazionamento dei compiti operativi assegnati da Hitler ad X Fliegerkorps, aveva cominciato a dare i primi elementi negativi, dal momento che quella grande unità aerea, oltre a tenere Malta sotto pressione, cominciò ad essere impiegata sempre più intensamente in sostegno alle truppe tedesche operanti in Libia. Inoltre, dopo essersi assunta ai primi di febbraio l'onere di proteggere il trasporto delle truppe e dei mezzi germanici diretti a Tripoli, cominciò a svolgere un'intensa attività contro i porti e le basi costiere e di rifornimento del nemico in Cirenaica.

Da tutte queste incombenze, di non poco conto e che portavano ad un intenso logorio della linea di volo, ne conseguì da parte del X Fliegerkorps un forte rallenta mento delle azioni offensive contro Malta che, rifornita di armi e di mezzi offensivi, in particolare di sommergibili e di aerei, ad iniziare dalla seconda metà di marzo cominciò a dimostrare il proprio valore quale base insostituibile per attaccare il traffico dell'Asse diretto in Libia.[5]

▲ La rada della Valletta a malta sede della flotta britannica nel Mediterraneo.

---

5   Francesco Mattesini, *Corrispondenza e Direttive Tecnico-Operative di Supermarina,* Volume Secondo I Tomo, Gennaio 1941 – Giugno 1942, Ufficio Storico della Marina Militare, Roma, 2001.

IL TRASFERIMENTO A MALTA DEI CACCIATORPEDINIERE BRITANNICI DELLA 14ª FLOTTIGLIA

Fin dalla metà di marzo 1941, in seguito ad accordi stabiliti con il Comando Supremo delle Forze Armate italiane e l'Alto Comando delle Forze Armate germaniche, il generale Alfredo Guzzoni, Sottocapo di Stato Maggiore Generale, aveva informato Supermarina che nella terza decade del mese sarebbe iniziato il trasferimento in Libia, come rinforzo alla 5ª Divisione leggera dell'Afrika Korps del generale Erwin Rommel, di una seconda grande unità terrestre germanica. Si trattava della 15ª Divisione corazzata, il cui trasporto marittimo, dal porto di Napoli per Tripoli, doveva svolgersi con le modalità ed il ritmo già seguiti a iniziare dal 14 febbraio per l'invio oltremare della 5ª Divisione Leggera.

Supermarina, la cui direzione era competenza dell'ammiraglio Inigo Campioni, Sottocapo di Stato Maggiore della Regia Marina (alle dipendenze del Sottosegretario di Stato e Capo di Stato Maggiore della Regia Marina, ammiraglio designato di armata Arturo Riccardi), pur facendo notare al Comando Supremo le difficoltà logistiche che si presentavano per mantenere nel futuro gli impegni presi con i tedeschi, stabilì che il trasporto in Libia della 15ª Panzerdivision (generale Heinrich von Pritwitz und Gaffron) si svolgesse con un ritmo di quattro convogli, ciascuno di cinque piroscafi, a distanza di tre o quattro giorni.[6] A questo ingente traffico si aggiungeva quello altrettanto intenso dei convogli nazionali italiani destinati a trasferire in Africa Settentrionale Italiana complementi ed effettivi delle divisioni "Ariete", "Trieste" e "Torino", movimento da ultimare per il 15 giugno.

Pertanto, quando il 27 marzo il Comando Supremo, agendo su richiesta dell'OKW), ordinò di accelerare il flusso dei trasporti tedeschi, riducendoli ad un intervallo di due soli giorni tra un convoglio e l'altro, Supermarina si mostrò alquanto contrariata. Nondimeno, lavorando insieme alla Direzione Trasporti dello Stato Maggiore del Regio Esercito, Supermarina preparò uno schema dettagliato sulla costituzione dei convogli germanici, ciascuno dei quali doveva disporre di cinque piroscafi. Non ancora soddisfatto il Comando Supremo, al quale l'OKW rivolgeva ulteriori insistenti richieste, raccomandò che le modalità di trasporto della 15ª Panzerdivision si svolgessero *"col ritmo più rapido possibile"*, ricevendone assicurazione da Supermarina.[7]

Allo stesso tempo Superaereo, l'organo operativo dello Stato Maggiore della Regia Aeronautica alle dipendenze del generale di squadra aerea Giuseppe Santoro (dipendente dal generale di squadra Francesco Pricolo, Sottosegretario di Stato e Capo di Stato Maggiore della Regia Aeronautica), aveva preparato un'importante direttiva per la protezione dei traffici italo-germanici con la Libia, che diramò il 7 aprile. Il documento aggiornava le disposizioni emanate il 9 febbraio 1941, stabilendo più accurate modalità di scorta, approvate da Supermarina, particolarmente riguardo ai compiti della caccia, dei velivoli antisommergibili (antisom) e antinave e dei ricognitori. Era anche stabilito che al movimento dei convogli dovesse corrispondere un'intensificata attività aerea di bombardamento sulle basi di Malta, aeree e navali.\e[8]

Fin dal gennaio 1941, le comunicazioni sulle intenzioni tedesche in Mediterraneo e in Libia erano state intercettate dall'organizzazione crittografica britannica "Ultra", che si trovava a Bletchley Park, a nord di Londra. E ciò avveniva leggendo chiaramente i messaggi compilati con il codice della macchia cifrante Enigma della Luftwaffe. Il 2 aprile 1941 le decifrazioni dell'Ultra rivelarono che elementi della 15ª Divisione corazzata stavano per imbarcarsi per Tripoli da Palermo e Napoli, con la massima priorità. Veniva anche conosciuto che reparti aerei del X Fliegerkorps, comprendo i bombardieri in picchiata Ju.87 Stukas [del 1./St.G.1 e del 2./St.G.2] e i caccia pesanti Distruttori Bf.110 [del III./ZG.26] erano stati trasferiti in Libia nel

---

6 La 15ª Panzer Division, costituita il 1° novembre 1940 a Darmstadt in seguito alla trasformazione della 33ª Divisione di fanteria (Infanterie-Division), verso la fine del marzo 1941 aveva cominciato a trasferire in Libia i 45 carri armati Panzer II, 71 carri armati Panzer III, 20 carri armati Panzer IV e 10 carri comando disarmati dell'8° Reggimento corazzato. Ma durante il tragitto via mare la nave che trasportava il 33° Battaglione comunicazioni venne affondata, il 16 aprile nel convoglio "Tarigo", da unità britanniche, e per questo sostituito con il 78° Battaglione comunicazioni. Questo articolo riporta quale fu la navigazione e l'annientamento del convoglio "Tarigo".
7 Francesco Mattesini, *L'attività aerea italo-tedesca nel Mediterraneo. Il contributo del "X Fliegerkorps" gennaio – maggio 1941*, Aeronautica Militare Ufficio Storico, II edizione riveduta e ampliata, Roma 2003, p. 300.
8 *Ibidem*, p. 300-301.

mese di marzo per supportare l'offensiva di Rommel in Cirenaica.[9] Tutto ciò, insieme alla conosciuta, tramite la stessa fonte, prossima invasione della Grecia da parte delle forze tedesche, era una grande preoccupazione per Londra e per i Comandi britannici del Medio Oriente.

L'importanza di interrompere il traffico marittimo dell'Asse (italiano e tedesco) con tutti i mezzi offensivi possibili, da realizzare nel momento in cui stava affluendo a Tripoli la 15ª Divisione corazzata germanica, e da parte italiana la Divisione motorizzata Trento, fu considerata nel suo pieno valore dai comandi britannici, che corsero a ripari, tra l'altro pianificando l'operazione "Tiger" che si realizzò nella prima decade di maggio, trasportando in Egitto, attraverso la rotta più breve del Mediterraneo, la loro 7ª Divisione corazzata.

La situazione in terra libica era per i britannici particolarmente preoccupante. Il 31 marzo 1941, agendo con grande determinazione e senza tener conto del cauto parere contrario dei Comandi italiani, il generale Erwin Rommel attaccò con la 5ª Divisione leggera dell'Afrika Korps a Marsa el Brega, al confine tra la Tripolitania e la Cirenaica, costringendo, anche con il concorso della Divisione corazzata italiana Ariete, le forze britanniche del generale Archibald Wavell ad una rapida ritirata. Il 14 aprile, la riconquista della Cirenaica (che gli italiani avevano perduto nella prima decade del mese di febbraio) da parte delle truppe italo-tedesche era da considerarsi ultimata, ad eccezione del campo trincerato di Tobruk che, rimasto isolato dal resto delle forze britanniche attestatesi lungo il confine egiziano, potevano rifornire soltanto dalla parte del mare. Era questo un compito sgradevole, ma necessari per poter mantenere quella importante posizione strategica, che la Marina Reale britannica (Royal Navy) non esitò ad accollarsi, superando notevoli difficoltà, determinate principalmente dalle unità aeree germaniche del costituito Fliegerführer Africa (generale Stephen Frohlich) che agivano, assieme ai velivoli italiani della 5ª Squadra Aerea della Libia (generale Mario Ajmone Cat), contro il porto di Tobruk e il naviglio in transito.

Nel frattempo, il 6 aprile le divisioni della Wehrmacht avevano iniziato l'invasione della Jugoslavia e della Grecia; quest'ultima fu attaccata dalla 12ª Armata del feldmaresciallo Wilhelm (3 divisioni di fanteria e cinque corazzate) e pesantemente appoggiata nella sua rapida avanzata dalle unità aeree dell'VIII Fliegerkorps del generale Wolfram von Richthofen. Questa campagna era stata ordinata da Adolf Hitler e pianificata dall'OKW per venire in aiuto degli italiani che, pur impiegando ventisette divisioni, non riuscivano sul fronte dell'Epiro ad incrinare la resistenza delle forze elleniche operanti, dopo la loro avanzata del novembre 1940, nel territorio meridionale dell'Albania. L'operazione, denominata "Marita", fu portata a termine dalla 12ª Armata, contro la quale si trovavano assieme alle forze greche anche quattro divisioni britanniche, due delle quali sottratte al fronte libico, in soli ventiquattro giorni, nel corso dei quali, agendo sulla base della famosa direttiva n. 25 emessa da Hitler il 27 marzo, il X Fliegerkorps fu intensamente impiegato nei Balcani e nel Mare Egeo, lasciando alla Regia Aeronautica l'esclusivo compito di proteggere il traffico navale sulle rotte libiche.

All'inizio della seconda metà di aprile l'attività aerea del X Fliegerkorps contro gli obiettivi della Grecia ebbe praticamente termine e, in base a nuove direttive dell'Alto Comando della Luftwaffe (Oberkommand der Luftwaffe – OB.d.L.), il compito di continuare gli attacchi al territorio ellenico e All'Egeo fu lasciato interamente all'VIII Fliegerkorps, la cui disponibilità di velivoli era passata da 437, posseduto il 5 aprile, a 653. Ne conseguì che le unità da bombardamento del X Fliegerkorps poterono nuovamente dedicarsi all'appoggio delle operazioni terrestri in Cirenaica, alla prosecuzione delle sporadiche ricognizioni offensive intorno a Creta, e infine all'attacco contro Malta, che proprio in quei giorni stava cominciando a mostrare i denti.[10]

In questa situazione, il 14 aprile 1941 il Primo Ministro britannico Winston Churchill emanava un'importante direttiva per "*La guerra nel Mediterraneo*", nella quale nei riguardi di Malta, era riportato:[11]

"*Per controllare le comunicazioni marittime attraverso il Mediterraneo forze navali sufficienti dovreb-*

---

9 F.H. Hinsley. E.E. Thomas, C.F.G. Ransom, R.C. Knight, *British Intelligence in the Second World War*, Volume I°, Her Majesty's Stationery Office, London, 1979, p. 395. Eric Growe. *Sea Battles in closu-Up*, World War 2, Volume secondo, Ian Allan, London, 1995, p. 53. * A sostituire in Sicilia gli Ju.87 del I./St.G.1 e del II./St.G.1 arrivarono gli Ju.87 del II. e del III./St.G.1, in modo che l'organico del X Fliegerkorps rimase immutato, anche perché al posto dei Bf.110 arrivò a Gela una squadriglia di 14 caccia monomotori Bf.109, la 7./JG.26, e una Squadriglia di caccia notturni Bf.110, la 1./NJG.3. Arrivò an-che un terzo Gruppo di bombardieri Ju.88, il III./KG.30, che si aggiunse al II./LG.1 e al III./LG.1 del 1° Stormo Sperimentale. 10 Francesco Mattesini, *L'attività aerea italo-tedesca nel Mediterraneo. Il contributo del "X Fliegerkorps" Gennaio – Maggio 1941*, Aeronautica Militare Ufficio Storico, II edizione riveduta e ampliata, Roma 2003.
11 Winston Churchill, *La seconda guerra mondiale*, Volume 3°, Mondadori, Milano, 1971, p. 1209-1212.

bero avere la loro base a Malta: la preparazione di tali forze dovrebbe essere fornita dall'aviazione di stanza a Malta, la quale dovrebbe contare il massimo numero di caccia dei tipi più recenti e più efficienti che gli aeroporti di Malta possono ospitare. Il compito di fornire la scorta di caccia alle forze navali con base a Malta dovrebbe avere la precedenza sull'impiego degli aeroporti per accogliere i bombardieri impegnati negli attacchi contro Tripoli"

Era sempre stata intenzione dell'ammiraglio Andrew Browne Cunningham, Comandante della Flotta del Mediterraneo (Mediterranean Fleet) di usare Malta quale base aerea e navale per unità di superficie e sommergibili da impiegare contro le rotte di traffico marittimo dell'Asse tra l'Italia e la Libia. Ma all'inizio di aprile del 1941 la difesa dell'isola era ancora inadeguata a fronteggiare con un certo successo gli attacchi aerei del X Fliegerkorps. Si era infatti ben lontani da quanto era stato previsto nell'agosto 1940 circa la costituzione a Malta di quattro Squadron (Gruppo) da caccia della Royal Air Force (RAF), essendo stato abbandonato temporaneamente tale intendimento per dare la precedenza alle necessità operative in Cirenaica e in Grecia.

Come fatto fino ad allora, il metodo più rapido per inviare a Malta i caccia Hurricane promessi nel mese di marzo dal Capo di Stato Maggiore della RAF, maresciallo dell'aria Charles Portal, era di trasportare a mezzo di navi portaerei fino ad una distanza di circa 400 miglia ad ovest dall'isola (all'altezza di Algeri) e quindi farli decollare e proseguire in volo fino a destinazione.

Fu pertanto deciso di impiegare la vecchia portaerei Argus (15.775 tonnellate) per il trasporto dei velivoli, dall'Inghilterra fino a Gibilterra, e quindi di trasbordarli sulla più capace e moderna portaerei *Ark Royal* (22.352 tonnellate), che sarebbe stata accompagnata nelle operazioni di involo dalla Forza H di Gibilterra, comandata dal vice ammiraglio James Fownes Somerville.

▲ La portaerei britannica *Ark Royal* della Forz H di Gibilterra. Un velivolo Swordfish decolla mentre altri si trovano pronti a decollare a poppa del ponte di volo.

▲ Uno dei caccia Hawker Hurricane II arrivati a Malta dalla portaerei *Ark Royal*, che fu assegnato al 185° Squadron della RAF sull'aeroporto di Ta Kali. Il veicolo e sotto rifornimento.

▲ Bombardiere Vickers Wellington della RAF. Era del 104° Squadron che nel 1940-1941 partecipava, con decollo da Malta, ai bombardamenti contro i porti meridionali dell'Italia e a quello di Tripoli.

▲ Carri armati tedeschi Panzer IV della 15ª Divisone corazzata, arrivati dal porto di Napoli, sfilano per le vie di Tripoli nel marzo 1941.

Con tale procedimento, il 2 aprile si svolse l'Operazione "Winch", durante la quale dodici caccia Hawker Hurricane della serie II, al comando del capitano pilota Peter William Olber Mould, un veterano della battaglia d'Inghilterra accreditato di otto successi. I dodici Hurricane II, che rispetto a quelli della serie I possedevano una maggiore tangenza e un più pesante armamento, raggiunsero Malta guidati da tre velivoli Skuas dell'*Ark Royal*. Essi furono seguiti il 27 del mese da altri ventitré Hurricane, il che portò il numero dei caccia utilizzabili sull'isola a trentaquattro, tutti inquadrati nel 261° Squadron.

▲ Carri armati Panzer III dell'Afrika Korps mentre vengono imbarcati in un porto italiano su una nave da trasporto diretta in Libia.

Da parte dell'Aviazione britannica, per interrompere da Malta i rifornimenti navali destinati al generale Rommel, occorreva fare qualcosa di più concreto, dal momento che soltanto i velivoli biplani Swordfish dell'Aviazione Navale (Fleet Air Arm - FAA), una dozzina armati con bombe e siluri, venivano inviati, con decollo dalla loro base maltese di Hal Far, alla ricerca e all'attacco dei convogli italo-tedeschi, diretti a Tripoli.

La prima misura presa dal maresciallo dell'aria Arthur Longmore, Comandante in Capo della RAF del Medio Oriente, al Cairo, fu quella di riportare a Malta i bombardieri Wellington del 148° Squadron, che erano stati trasferiti dall'aeroporto di Luqa in Egitto ai primi di marzo 1941, dopo che un violentissimo bombardamento, effettuato il giorno 26 febbraio sull'aeroporto di Luqa, aveva causato la distruzione al suolo sull'aeroporto di sette velivoli e il danneggiamento di altri sei.[12] Il rischio di riportare nuove gravi perdite al materiale di volo era ancora grande, ma accettato perché Malta era l'unica base in grado di permettere all'aviazione britannica di battere il porto di Tripoli, principale porto di scarico dei rifornimenti dell'Asse destinati in Libia. Furono inviati a Malta nove Wellington del 148° Squadron che, tra il 13 e il 24 aprile effettuarono trentaquattro missioni sul porto della Tripolitania, sganciando cinquanta tonnellate di bombe.

Nel frattempo, dopo discussioni con l'Ammiragliato britannico sulla necessità di bombardare il porto di Tripoli con le tre corazzate della Flotta del Mediterraneo (*Warspite*, *Valiant* e *Barham*), l'ammiraglio Cunningham, recente vincitore della Battaglia di Capo Matapan sulla Flotta italiana, che disponeva di base a Malta su soltanto otto sommergibili della 10ª Flottiglia (capitano di vascello George Walter Gillow Simpson) l'8 aprile aveva preso l'iniziativa di distaccare a La Valletta la sua 14ª Flottiglia Cacciatorpediniere di squadra, comandata, sul *Jervis*, dell'esperto capitano di vascello Philip John Mack. Il suo compito era quello di attaccare i rifornimenti dell'Asse destinati al fronte libico.

E questa decisione fu presa, "*malgrado le scarse garanzie di sicurezza offerte da Malta*", dovendo i quattro cacciatorpediniere attaccare il traffico nemico nel Canale di Sicilia, "*in una zona dominata dal potere aereo nemico*", per cui poteva essere fatto soltanto di notte, ove la ricerca era resa più difficile dall'oscurità, e quindi "*fidando sulla fortuna*".[13]

Tale formazione leggera, costituita dal *Jervis*, *Janus*, *Mohawk* e *Nubian*, grossi cacciatorpediniere moderni costruiti tra il 1938 e il 1939, partendo da Suda (Creta) alle 12.00 del 10 aprile e protetta nel Mare Ionio dagli incrociatori della 7ª Divisione *Perth* e *Ajax*, arrivo a La Valletta, alle 06.00 dell'11, e senza essere stata soggetta ad attacchi aerei. Ma, a causa della gravità delle incursioni aeree realizzate dalla Luftwaffe sugli obiettivi dell'isola, per maggiore sicurezza i cacciatorpediniere si dispersero in ormeggi ampiamente separati: il *Nubian* e il *Mohawk* a Mersa, il *Janus* a Sliema e il *Jervis* a Dockyard Creek.[14]

---

12 Alle ore 13.30 del 25 febbraio un ricognitore del X Fliegerkorps segnalò sull'aeroporto di Luqa la presenza dietro trinceramenti di diciotto bombardieri Wellington, nove dei quali furono poi impiegati durante la notte per bombardare il porto di Tripoli. La presenza nella base maltese di tanti pericolosi ospiti, parte dei quali erano recentemente arrivati dall'Inghilterra, convinse il Comando tedesco a Taormina ad organizzare nel pomeriggio del 26 febbraio un'azione in massa contro Luqa. Essa si svolse regolarmente nel breve spazio di dieci minuti, fra le 16.05 e le 16.15, con i velivoli ripartiti in più formazioni. Vi parteciparono 11 Ju.88 del II./LG.1, 13 del III./LG.1 e 5 del III./KG.30, che effettuarono i loro bombardamenti in volo orizzontale a circa 4.000 metri di quota, mentre due caccia pesanti "Distruttori" dello Stab./St.G.1 e 35 bombardieri in opicciata Ju.87 del II. e III./St.G.1 arrivarono sull'obiettivo rispettivamente a volo radente e in picchiata. Parteciparono alle scorte da parte tedesca 9 caccia Bf.109 della Squadriglia 7./JG.26 e da parte italiana 12 Cr.42 del 156 Gruppo e 12 Mc.200 del 6° Gruppo, che impegnarono in combattimento 8 caccia Hurricane del 161° Squadron della RAF. L'attacco tedesco, contrastato anche da una forte artiglieria contraerea, rese inefficiente Luqa per quarant'otto ore, distrusse sul campo di volo sette Wellington (6 del 148° Squadron e uno del 70° Squadron) e, danneggiandone altri sette ridusse il 148° Squadron a due soli velivoli efficienti. Nel combattimenti aerei, iniziati a 5.000 metri di quota e proseguiti fin quasi al suolo, furono abbattuti tre Ju.87 del II./St.G.1 e 3 Hurricane. Cfr., Francesco Mattesini, *L'attività aerea italo-tedesca nel Mediterraneo. Il contributo del "X Fliegerkorps" gennaio – maggio 1944¹*, 2ª edizione, Aeronautica Militare Ufficio Storico, Roma, 2003, p. 208-209.

13 Donald Macintyre, *La Battaglia del Mediterraneo* (dall'inglese *The Battle for the Mediterranean*); Sansoni, Firenze, 1965, p. 66.

14 G.G. Connell, *Mediterranean Maelstrom. HMS Jervis and the 14th Flotilla*, William Kimber –London, 1987, p. 92.

▲ I tre Comandati in Capo britannici del Medio Oriente. Da sinistra l'ammiraglio Andrew Browne Cunningham, della Marina, il maresciallo dell'aria Arthur Longomore, dell'Aviazione, e il generale Archibald Wavell, per l'Esercito.

▲ La Valletta e il Grand Harbour nell'anteguerra.

Il 10 aprile era arrivato dal Servizio Informazioni la segnalazione che un convoglio di quattro grandi navi da 8000 – 10.000 tonnellate scortate da quattro cacciatorpediniere stava navigando alla velocità di 15 nodi verso Tripoli. La forza d'attacco, dopo essersi rifornita, salpò alle 19.00 dell'11 aprile ma il cacciatorpediniere del capitano Mack, il *Jervis*, fu avvistato mentre partiva e la scorta del convoglio fu avvertita.

Dopo diverse ore di ricerca lungo la rotta stimata del convoglio non fu trovato nulla e gli sconsolati equipaggi della 14ª Flottiglia ritornarono nel porto di Malta alle 08.00 dell'indomani giorno 12.

La fallita ricerca riguardava un convoglio partito da Napoli costituito dai piroscafi tedeschi *Ankara, Marburg, Kibfels, Reichenfels, Galilea*, ed era scortato dai cacciatorpediniere italiani della 14ª Flottiglia *Vivaldi, Da Noli, Malocello, Dardo* e dalle torpediniere *Circe* e *Montanari*. Questo primo tentativo fallì, probabilmente perché la velocità del convoglio era di soli 9 nodi, come era stato segnalato dal sommergibile *Unique* (tenente di vascello Anthony Foster Collett), ma il segnale non riuscì a raggiungere il *Jervis*.

▲ Il capitano di vascello Philip John Mack, Comandante della 14ª Flottiglia Cacciatorpediniere della Mediterranean Fleet.

Occorre dire che a quell'epoca, lungo le coste della Tunisia che i convogli diretti a Tripoli o in rientro in Italia dovevano percorrere, si trovavano in agguato i sommergibili della 10ª Flottiglia di Malta *Ursula*, *Unique*, *Upholder* e *Upright*, rispettivamente posizionati a Capo Bon, Kurikat, Kerrkenah e Tripoli. Il sommergibile *Tetrark*, della 1ª Flottiglia di Alessandria si trovava nel Golfo della Sirte per attaccare il traffico costiero che si svolgeva fra Tripoli e Bengasi.[15]

Un altro convoglio, che stava rientrando da Tripoli a Palermo e Napoli, fu avvistato alle 15.33 del 12 aprile da un aereo da ricognizione Martin Maryland, con pilota il comandante temporaneo del 69° Squadron della RAF di Malta capitano Ernest Alfred Whiteley. L'avvistamento del convoglio, segnalato dal Maryland, comprendente cinque piroscafi e tre cacciatorpediniere di scorta, con rotta sud (190°), avvenne a 40 miglia a sud di Pantelleria, e la sua velocità fu stimata dal capitano Whiteley di 13 nodi e la rotta sud (190 gradi). Un velivolo Swordfish decollato da Malta fu inviato a rintracciarlo, per mantenerne il contatto. Il convoglio era in realtà composto da quattro navi mercantili, i piroscafi tedeschi *Castellon*, *Arcturus*, *Wachtfels Leverkusen* e da una scorta di tre torpediniere italiane, *Orione*, *Orsa* e *Procione*. Il comandante Mack salpò alle 17.33 da Malta con le sue quattro unità della 14ª Flottiglia per intercettarlo.

▲ Il sommergibile *Unique* della classe "U". Anche l'*Ursula*, l'*Upholder* e l'*Upright* erano dello stesso tipo, che sulle rotte libiche si dimostro essere un vero castigo.

Poco dopo il tramonto, credendo da parte britannica che il convoglio si era reso conto di essere seguito, fu visto virare a nord a grande velocità, passando a ovest di Pantelleria alle 02.30, ossia la rotta che doveva seguire per dirigere verso Palermo e Napoli. Una forza d'attacco di sette velivoli Swordfish, dell'830° Squadron dell'Aviazione Navale, decollata armata sei velivoli con siluro e uno con bombe dall'aeroporto maltese di Hal Far, lo attacco alle 23.00 del 13 aprile (che era la domenica di Pasqua); ma nessuna nave fu colpita e due Swordfish furono colpiti dalla reazione contraerea delle navi, e costretti ad ammarare presso la costa tunisina, presso Hammamet. I piloti, sottotenenti R.N. Dawson e C.H. Wines furono catturati assieme ai loro uomini degli equipaggi.[16]

---

15   Historical Section Admiralty, *Mediterranean, September 1939 – October 1940*, Volume I, London, 1952, p. 89. * Il libro, declassificato, é stato ristampato, con introduzione di David Brown, con il titolo: *The Royal Navy and the Mediterranean*, Volume II, *November 1940- December 1941*, Whitehall Historical Publishing, London – Portland, OR, 2002.
16   Kenneth Poolman, *Night Strike from Malta. 830° Squadron RN and Rommel's Convoy*, Jane Publishing Company, Lçondon – Sydney, 1980, p. 56-59.

▲ Una formazione di aerosiluranti Swordfish dell'Aviazione Navale britannica.

▲ Uno Swordfish dell'830° Squadrone di base a Malta, nell'aeroporto dell'Aviazione Navale (FAA) di Hal Far.

▲ Il cacciatorpediniere *Jervis* sede comando della 14ª Flottiglia della Mediterranean Fleet.

▲ Il cacciatorpediniere *Janus* della stessa classe del *Jervis*, le cui unità entrarono in servizio nel 1939. Avevano sei cannoni da 120 mm in tre torrette binate, e due impianti quintupli di siluri da 533 mm. Dietro il fumaiolo, come su tutti i cacciatorpediniere britannici, vi era il complesso contraereo pom-pom a quattro canne da 40 mm.

▲ Il cacciatorpediniere *Mohawk* della stessa classe del *Nubian* ("Tribal"), le cui unità entrarono in servizio nel 1938. Erano armati con otto cannoni da 120 mm (poi modificato in sei cannoni da 120 mm e due da 102 mm contraerei), su quattro torri binate, e disponevano di due impianti quadrupli di siluri da 533 mm. Nell'immagine il *Mohawk* è in uscita dal Grand Harbour di Malta.

Nel frattempo, il capitano di vascello Mack si teneva con i suoi quattro cacciatorpediniere molto a sud di Pantelleria, sperando che il convoglio diretto a nord attaccato dagli aerei non fosse quello che stava cercando. Al passaggio di Pantelleria, il convoglio fu avvistato alle 01.53, mentre stava ancora dirigendosi verso nord, dal sommergibile *Upholder* (capitano di corvetta Malcolm David Wanklyn) che, avendo consumato i siluri nei giorni 10 e 11 attaccando senza esito cinque navi mercantili italiane (*Andalusi, Honor, Antonietta Lauro, Capacitas* e *Agata*), alle 02.13 sparò un colpo di cannone e tre minuti dopo vide il convoglio virare verso sud-ovest, mentre invece la sua destinazione era per Nord. Ma era troppo tardi per intercettarlo e ai cacciatorpediniere della 14ª Squadriglia, ricevuta la segnalazione dell'*Upholder*, trasmessa quanto ritornò in superficie alle 15.28, non restò che prendere la rotta per rientrare a Malta, dopo diverse ore di infruttuose ricerche.[17]

Nel tornare a Malta la 14ª Squadriglia, con le navi che procedevano in fila indiana attraverso il canale di Comino, fu avvistata, alle 05.45 del 13 da una formazione di sei caccia pesanti tedeschi "distruttori" Bf.110 della 1ª Squadriglia del 3° Gruppo Caccia Notturna (1./NJG.3) in volo di interdizione aerea tra Malta e Pantelleria. Fu poi attaccata in picchiata, a sud di Gozo, da una Squadriglia di velivoli Ju.87 tedeschi del 3° Gruppo del 1° Stormo Stuka (III.St.G.1). I cacciatorpediniere non subirono danni, ma una grande bomba da 500 chili cadde nella scia del *Jervis* ed esplose appena poco prima del *Janus* che lo seguiva in formazione, e un'altra bomba successiva cadde a poppa del *Jervis*. I cacciatorpediniere rientrarono in porto alle 06.30, e furono poi individuati e fotografati da un ricognitore tedesco nelle loro posizioni di ancoraggio alle 11.16 del medesimo giorno, assieme a tre sommergibili, un dragamine e una nave guardiacoste.[18]

▲ Il capitano di vascello Philip John Mack, Comandante della 14ª Flottiglia Cacciatorpediniere della Mediterranean Fleet, risponde al saluto di suoi ufficiali mentre si appresta a scendere su un motoscafo accostato alla scaletta del cacciatorpediniere *Jervis*. L'immagine è del marzo 1942 ad Alessandria.

---

17   *Ibidem*, p. 90; sito uboat.net, submarine *Upholder*.
18   ASMAUS, Bollettino giornaliero del X Fliegerkorps n. 81 del 13 aprile 1941.

Non giunsero a Malta nuove segnalazioni di convogli nemici nel raggio d'azione della forza d'attacco, ma ci furono informazioni che un convoglio era stato caricato con truppe e trasporti tedeschi a Napoli ed era pronto a salpare. Poiché la 14ª Squadriglia nella giornata non prese il mare, all'equipaggio fu concesso dal comandante Mack un permesso dopo il tramonto, e gli uomini ne approfittarono per fare una passeggiata o andando alla ricerca di birra maltese a La Valletta.

Dopo queste prime due uscite infruttuose, uno scambio di messaggi radio si incrociò tra il viceammiraglio di Malta il Comandante in capo della Mediterranean Fleet e l'Ammiragliato britannico per chiedere spiegazioni sul perché la Forza d'Attacco del comandante Mack non fosse riuscita a stabilire il contatto con i convogli nemici. L'ammiraglio Cunningham ricordò all'Ammiragliato che la RAF non era in grado di mantenere sull'isola aerei da ricognizione e da pedinamento adatti e che i velivoli Swordfish della Fleet Air Arm, armati con siluri, non erano in grado di sostituirli attaccando durante le ore diurne, quando il convoglio avvistato era protetto da aerei da caccia.[19]

Poi, nella notte del 16 aprile, in seguito ad un avvistamento di un convoglio diretto a sud lungo le coste della Tunisia da parte di un ricognitore di Malta, la 14ª Flottiglia del comandante Mack entrò in azione, realizzando, come vedremo esaustivamente, un'impresa di grande valore offensivo di combattimento notturno dai risultati invidiabili.[20] Ricordiamo che i quattro cacciatorpediniere britannici erano tutti reduci dalla ricerca alla danneggiata corazzata italiana *Vittorio Veneto* la sera del 28 marzo 1941, e se la ricerca allora non andò a buon fine il *Jervis* di Mack dette il colpo di grazia con il siluro all'immobilizzato incrociatore pesante *Pola*, e il *Janus* fece lo stesso con il gemello *Zara*, la nave ammiraglia della 1ª Divisione Navale dell'ammiraglio Carlo Cattaneo.[21]

▲ Modello del cacciatorpediniere HMS Jervis della Marina Britannica.

---

19   G.G. Connell, *Mediterranean Maelstrom. HMS Jervis and the 14th Flotilla*, William Kimber –London, 1987, p. 93.
20   Francesco Mattesini, *L'attività aerea italo-tedesca nel Mediterraneo. Il contributo del "X Fliegerkorps" Gennaio – Maggio 1941*, Aeronautica Militare Ufficio Storico, II edizione riveduta e ampliata, Roma 2003, p. 302.
21   Francesco Mattesini, *L'operazione Gaudo e lo scontro notturno di Capo Matapan"*, Ufficio Storico della Marina Militare, Roma, 1998; Francesco Mattesini, *L'agguato di Matapan. Errori, omissioni e menzogne di una famosa battaglia navale*, RiStampa Edizioni, Santa Rufina di Cittaducale (RI), Giugno 2020.

LA NAVIGAZIONE DEL CONVOGLIO "TARIGO" DA NAPOLI ALLE SECCHE DI KERKENNA

In base agli ordini impartiti dal Comando Militare Marittimo del Basso Tirreno (Marina Napoli), la sera del 13 aprile 1941, alle ore 21.30 lasciò il porto partenopeo un convoglio, con destinazione Tripoli. Era il secondo scaglione, per il trasporto di uomini e mezzi della 15ª Divisione corazzata germanica, ed era composto dai piccoli piroscafi tedeschi *Arta* (2.452 tsl), *Adana* 4.205 tsl), *Aegina* (2.447 tsl), *Iserlhon* (3.704 tsl), che trasportavano 1.042 uomini soldati tedeschi, 1.997 tonnellate di merci militari, 428 autoveicoli (altra fonte riporta 392), e benzina per la Luftwaffe in Libia (Fliegerführer Afrika), e dal piroscafo italiano *Sabaudia* (1.590 tsl) con un carico di 1.371 tonnellate di munizioni.[22] Il convoglio, il numero 20° (numerazione tedesca) di quelli tedeschi che dal febbraio 1941 erano diretti a Tripoli per rinforzare l'Afrika Korps, era scortato dai cacciatorpediniere della Regia Marina *Tarigo* (capitano di fregata Piero De Cristoforo) e *Lampo* (capitano di corvetta Enrico Marano). Il cacciatorpediniere *Baleno* (capitano di corvetta Giuseppe Arnaud), trattenuto presumibilmente da una lieve avaria, raggiunse il convoglio "Tarigo" (dal nome dell'unità capo scorta, mentre i tedeschi lo chiamavano 20. Seetransportstaffel) sulla rotta Napoli – Isola Marettimo verso le ore 01.00 del 14 aprile. Il *Lampo* e il *Baleno* avevano sostituito i cacciatorpediniere *Strale* e *Euro* designati in primo tempo per la scorta al convoglio.

Nel pomeriggio di quello stesso giorno 13 aprile, Supermarina (che aveva i suoi locali e il salone operativo a Roma nel Ministero della Marina nel Lungotevere delle Navi) ancor prima della partenza del convoglio aveva ricevuto una comunicazione telefonica dal Comando Militare Marittimo della Sicilia (Marina Messina), in cui si riportava che il C.A.T. (Corpo Aereo Tedesco – X Fliegerkorps), con Comando a Taormina, comunicava che la ricognizione aerea aveva rilevato la presenza nel porto di La Valletta di quattro cacciatorpediniere, che come abbiamo visto erano stati avvistati e attaccati da aerei tedeschi a sud di Gozzo, mentre procedevano in linea di fila verso il porto di Malta. Per confermarne la presenza, il X Fliegerkorps avrebbe svolto una ricognizione armata al tramonto e tenute pronte forze da bombardamento per un intervento notturno contro quelle navi. Ha scritto il contrammiraglio Medaglia d'Oro al Valor Militare Aldo Cocchia, all'epoca Direttore dell'Ufficio Storico della Marina Militare:[23]

"*Ma tale comunicazione non destò particolari allarmi in Supermarina. La presenza a Malta di un certo numero di cacciatorpediniere non fu giudicata ragione sufficiente per rimandare la partenza di un convoglio carico di materiali che erano richiesti urgentemente dal Comando tedesco. D'altra parte, in quell'epoca, molto spesso unità leggere sostavano a Malta e non si poteva, ovviamente, sospendere il traffico con la Libia ogni qualvolta qualche cacciatorpediniere era alla fonda in una delle numerose insenature dell'isola. Se Supermarina si fosse regolato in tal modo, l'Inghilterra avrebbe avuto partita vinta in Africa Settentrionale senza colpo ferire. Bisognava correre i rischi che implicava la presenza di quei cacciatorpediniere preparandosi a fronteggiare, questo sì, la loro minaccia con ogni mezzo.*

Nel caso specifico una prima misura difensiva contro i cacciatorpediniere di Malta era già implicita nell'assicurazione, data da Marina Messina [ammiraglio di divisione Pietro Barone], *che il CAT sin dalla sera del 13 sarebbe intervenuto nella zona operativa con le sue forze aeree. Supermarina aveva inoltre predisposto per il convoglio una tabella di marcia secondo la quale la formazione avrebbe dovuto effettuare il tratto più perico-*

---

22   Diario di Guerra della Seekriegsleitung, KTB 1.Skl, A, vol. 20, 16.04.1941, pp. 230. Si trovavano nelle navi del convoglio parte del 1° battaglione del 15° reggimento fucilieri, due reparti del 33° reggimento d'artiglieria, lo stato maggiore del genio trasmissioni, la 2ª compagnia di sanità del 33° reggimento e lo Stato maggiore della 15ª divisione corazzata. Traduzione di Augusto De Toro. I quattro piroscafi tedeschi imbarcavano 10 ufficiali e 184 sottufficiali e soldati, 487 tonnellate di carico e 62 automezzi sul piroscafo *Arta*; 13 ufficiali e 326 sottufficiali e soldati, 487 tonnellate di materiali e 64 automezzi sul piroscafo *Adana*; 11 ufficiali e 206 tra sottufficiali e soldati, 493 tonnellate di materiali e 148 automezzi sul piroscafo *Aegina*, 14 ufficiali e 278 sottufficiali e soldati, 608 tonnellate di carico e 118 automezzi sul piroscafo *Iserlohn*. Cfr, *Con la pelle appesa ad un chiodo*, cacciatorpediniere *Tarigo*, in Internet.

23   Aldo Cocchia, *La Marina Italiana nella seconda guerra mondiale*, Volume II, La *guerra nel Mediterraneo*, La *difesa del traffico con l'Africa Settentrionale, Tomo 1°, dal 10 Giugno al 30 Settembre 1941*, Roma, 1958, p.102.

loso della traversata in ore diurne, in quelle, cioè, nelle quali avrebbe potuto giovarsi della protezione del CAT e dell'Aviazione italiana oltre ché delle siluranti di scorta".

Il percorso, nel Canale di Sicilia, comportava di passare a distanza di Malta, e proseguire da Capo Bon lungo la costa orientale della Tunisia, superare le boe luminose delle secche di Kerkenna utilizzando la protezione offerta dagli sbarramenti di mine italiane e la scorta aerea diurna con velivoli, da caccia e antisommergibili, decollati dalle basi della Sicilia, e nell'ultimo tratto della navigazione dagli aerei della Libia. Ma nessuna protezione aerea era utilizzabile nel corso della notte, che era proprio il tratto di mare che il convoglio doveva percorrere per gran parte dell'oscurità, mentre al mattino potevano intervenire i velivoli italiani e tedeschi dislocati sugli aeroporti della Tripolitania.

Il problema del discorso finale del contrammiraglio Cocchia stava proprio sull'insufficienza delle unità di scorta al convoglio, che essendo limitata a tre soli cacciatorpediniere in caso di attacco dei quattro cacciatorpediniere di Malta, si sarebbero trovati in minoranza e disposti in una formazione che trovava le unità italiane disposte intorno al convoglio.

Anche la potenza delle singole unità era svantaggiosa per i tre cacciatorpediniere italiani della 8ª Squadriglia, essendo armati ciascuno con quattro cannoni da 120 mm e sei tubi lanciasiluri. I cacciatorpediniere britan-nici della 14ª Flottiglia *Jervis* e *Janus* (della classe "Jervis") possedevano sei cannoni da 120 mm e dieci tubi lanciasiluri,[24] mentre il *Nubian* e il *Mohawk* (della classe "Tribal") avevano otto cannoni da 120 mm e otto tubi lanciasiluri.

A questo punto Supermarina avrebbe dovuto mandare un paio d'incrociatori leggeri della 4ª Divisione Navale (*Giovanni delle Bande Nere* e *Luigi Cadorna*), che si trovavano a Palermo, come unità di appoggio alla scorta del convoglio. Questo sistema di protezione, il giorno 25 del mese di febbraio 1941, era stato abbandonato da Supermarina, in seguito all'affondamento dell'incrociatore *Armando Diaz*, silurato presso le secche di Kerkenna dal sommergibile della 10ª Flottiglia di Malta *Upright* (tenente di vascello Edward Dudely Norman), mentre assieme al gemello *Giovanni delle Bande Nere* e i cacciatorpediniere di scorta *Corazziere* e *Ascari* si trovava con il 4° convoglio di piroscafi tedeschi diretti a Tripoli. L'abbandono della scorta di incrociatori ai convogli era stata causata dalla ipotetica certezza che nessuna unità navale britannica si sarebbe portata sulla rotta per Tripoli, dove il controllo del mare era dell'aviazione italiana e tedesca; ragion per cui la minaccia marittima britannica, (che dall'inizio della guerra non si era mai presentata con naviglio di superficie nel Mediterraneo centrale), poteva verificarsi era quello dei sommergibili, contro il quale gli incrociatori, oltre al pericolo che correvano, non avevano alcuni possibilità di esercitate contro le unità subacquee un qualsiasi adeguato contrasto, attaccando con le bombe di profondità di cui non disponevano.

Ha scritto al riguardo il contrammiraglio Aldo Cocchia che occorreva fissare un concetto basilare a proposito della scorta ai convogli e cioè che *"la scorta del traffico deve sempre essere adeguata, come qualità, al probabile tipo di offesa cui il traffico può essere soggetto. Se si prevede un attacco di navi di superficie le navi mercantili debbono essere protette, con scorta diretta e indiretta, mediante unità di superficie di forza possibilmente superiore al probabile avversario"*.[25]

Riteniamo, che questa precauzione da parte di Supermarina venne a mancare.

***

Fino a Marettimo, dove il convoglio "Tarigo" salpato da Napoli giunse alle ore 20.30 circa del 14 (anziché alle ore 00.00 del 15 come era nelle previsioni) la navigazione, alla velocità di 10 nodi, procedette regolarmente e le condizioni del tempo si mantennero ottime.

La formazione assunta dal convoglio comportava che i piroscafi *Arta, Adana, Aegina, Iserlhon* fossero disposti su due colonne; il piroscafo *Sabaudia* si mantenesse al centro delle due colonne; i cacciatorpediniere tenessero la posizione di scorta ravvicinata, con il *Tarigo* avanti alla formazione per dirigere la navigazione, il *Baleno* e il *Lampo* che avevano una certa libertà di manovra, rispettivamente sui fianchi a dritta e a sinistra del convoglio.

Dopo Marettimo il tempo cominciò a guastarsi: barometro in rapida discesa; mare e vento da sciroc-

---

24   Edgar, J., March, *British Destroyers 1892-1953*, London Seeley Service & Co., 1965, pp.341-353.
25   *Ibidem*, p. 86.

co, forte foschia e frequenti piovaschi. Il convoglio mantenne la formazione stabilita, ma la velocità delle navi fu ridotta a circa 8 nodi. La navigazione del convoglio e della scorta, mantenendo la formazione, proseguì per tutta la giornata del 15 aprile tra piovaschi ed estesi banchi di nebbia, che impedirono, come stabilito dagli accordi con il Comando del X Fliegerkorps, di eseguire il servizio di scorta aerea.

Vi fu anche uno sbandamento del convoglio, come ha scritto nella sua relazione il comandante del cacciatorpediniere *Lampo*, capitano di corvetta Enrico Marano, che determinò un ritardo nella navigazione del convoglio "Tarigo":[26]

"*Durante la notte in prossimità di Capo Bon il TARIGO ha probabilmente aumentato di velocità per avvistare il faro prima del convoglio. Verso le ore 0400 del 15 il piroscafo ARTA, prima unità della colonna di sinistra, accosta improvvisamente a sinistra e mi segnala Rv = 180. Nella supposizione che l'ARTA avesse ricevuto ordini direttamente dal TARIGO, accosto per la rotta indicatami. Subito dopo l'accostata; successivamente constato che l'altra metà del convoglio avvisto il faro di Capo Bon; successivamente constato che l'altra metà del convoglio (cioè la colonna di dritta e il BALENO) non hanno accostato. In considerazione della visibilità molto ridotta non ritengo prudente ordinare ai piroscafi di riprendere la rotta precedente e tentare la ricostituzione del convoglio durante la notte. Segnalo invece al TARIGO con R.D.S. [sistema fonico]: "La mia rotta è 180 – la mia velocità miglia 8. Poco dopo il TARIGO mi ordina di accostare per Rv = 40 e di navigare su tale rotta fino all'alba cercando di riunire le due parti del convoglio. Avvicino il piroscafo di coda – l'ADANA – e gli segnalo: "Inverto la rotta – seguitemi". Quindi mi porto alla testa della formazione, accosto e riduco la velocità.*

Il piroscafo ARTA prosegue per un tratto sulla rotta primitiva, poi accenna un'accostata, ma al sopraggiungere di un piovasco, scompare alla mia vista. Fermo allora le macchine e accendo il proiettorino da segnali; ma, non vedendo i piroscafi, rimetto in moto e invertita la rotta vado alla loro ricerca.

La foschia e i continui piovaschi mi impediscono di rintracciarli e decido perciò di riportarmi sulla rotta Capo Bon-Marettino per riunirmi al resto del convoglio che raggiungo infatti verso le ore 05.00.

Alle ore 0600 del 15 il TARIGO ordina al convoglio di invertire la rotta e alle ore 0800 mi segnala: "Ricercate piroscafi e appena possibile riunirli al convoglio". Aumento di velocità e all'avvistamento di Capo Bon accosto per Rv = 180. Alle ore 0930 scorgo di prora a dritta due piroscafi che navigano con rotta Nord; li avvicino, li riconosco per l'ARTA e l'ADANA e ordino loro di seguirmi. Alle 10.30 circa avvisto il rimanente del convoglio e mi riunisco ad esso insieme con i due piroscafi.

Il convoglio riprende così la navigazione nella formazione primitiva, ma con notevole ritardo rispetto alle previsioni".

Nelle prime ore pomeridiane del 15 aprile, trovandosi a poche miglia a sud di Kelibia, che si trova a sud di Capo Bon, il *Tarigo* trasmise alle altre navi del convoglio, che un aereo sospetto era stato avvistato dal cacciatorpediniere *Baleno* con rotta sud. Ma nulla, come riferì il comandante del cacciatorpediniere *Lampo*, capitano di corvetta Enrico Marano, poté essere fatto per abbattere quel velivolo o per costringerlo ad allontanarsi.

Poco dopo le ore 14.00 il medesimo aereo OHSF, un Martin Maryland della 431ª Squadriglia (Flight) del 69° Squadron (Gruppo) della RAF di Malta, con pilota il Comandante del reparto da ricognizione capitano Ernest Alfred Whiteley, trasmise un nuovo messaggio radio al suo Comando, per segnalare ancora la posizione del convoglio; messaggio che questa volta fu intercettato e decifrato dalle stazioni di ascolto di Supermarina, che si affrettò a segnalare la notizia a Marina Messina e a Superaereo, perché entrambi, tramite i loro uffici di collegamento con il X Fliegerkorps e con il Comando dell'Aeronautica della Sicilia, sollecitassero l'intervento dei loro aerei in difesa del convoglio, avvistato dal probabile aereo nemico alle 14.20 a 30 miglia circa a sud di Pantelleria. Era richiesto alle due aviazioni l'invio di aerei da caccia per la protezione del convoglio e di svolgere voli di ricognizione, che dall'Aeronautica della Sicilia, dovevano realizzarsi dalla zona di Malta fin verso Kerkenna.

La risposta telefonica di Superaereo, alle 15.50, riportava "*che per ora, date le condizioni del tempo, non può intervenire*". A questo punto, alle 16.00, Supermarina trasmetteva via radio al cacciatorpediniere *Tarigo*: "*Da boa 4 Kerkenna dirigete con convoglio boa 6 Kerkenna atterraggio [Ras] Turgoeness ...*"; ed alle 17.07 telegrafava a Marina Tripoli: "*Provvedete inviare fin da prime ore domattina scarta aerea e rinforzo scorta*

---

26 Archivio Ufficio Storico della Marina Militare, *Rapporto relativo al combattimento sostenuto dal CC.TT. "TARIGO" - "BALENO" e "LAMPO" la notte del 16 aprile 1941-XIX*.

navale".²⁷

Queste disposizioni di Supermarina, con deviazione dalla rotta obbligata per Tripoli dalla boa n. 4 di Kerkenna verso ponente, esistendo una certa libertà di manovra perché il limite delle secche di Kerkenha dista dal porto di Sfax circa 10 miglia, furono ritenute sufficienti a garantire la sicurezza del convoglio. Esse, ha scritto l'ammiraglio Romeo Bernotti, persona qualificata essendo stato negli anni d'anteguerra Comandante della 2ª Squadra Navale italiana, erano la *"conseguenza di un apprezzamento della situazione basato su presupposti ottimistici; ma durante la notte il gruppo dei cacciatorpediniere nemici per la sua alta velocità poteva giungere prima del convoglio alla boa 4 di Kerkenna; perciò, il convoglio si trovò a correre verso una zona disastrosa"*.²⁸

Sul cambio di rotta il contrammiraglio Cocchia ha scritto, giustamente:²⁹

"Se il convoglio fosse stato in orario con la tabella di marci di dirottamento ordinato da Supermarina avrebbe avuto effetto provvidenziale, ma la formazione, come sappiamo, era in forte ritardo sul previsto, quando ricevette l'ordine di dirigere per Turgoeness era tutto inchiodato [sic] sul binario delle Kerkenna e non poté far altro che continuare tutta la notte nella sua rotta".

Alle 17.15 Superaereo, con il messaggio n. 6229 informò Supermarina della partenza di due velivoli S.79 per una ricognizione ed eventuale attacco al ricognitore nemico, ma per le condizioni del tempo ne partì soltanto uno per poi rientrare alla base, perché nelle condizioni atmosferiche sfavorevoli vi era un vento di 80 chilometri orari. Probabilmente, seguendo la rotta ordinata Malta – Kerkenna, l'S-79 avrebbe potuto avvistare i cacciatorpediniere britannici nella loro rotta verso ponente, poco dopo che erano salpati da Malta. Quindi la ricognizione aerea fallì completamente, e nessuno dei Comandi italiani e tedeschi conobbe quale fosse da parte del nemico la situazione in mare.

▲ Il cacciatorpediniere *Luca Tarigo*, da cui il convoglio per Tripoli prese il nome essendo la nave comando della scorta del convoglio "Tarigo". L'immagine è degli anni '30.

---

27   Aldo Cocchia, *La Marina Italiana nella seconda guerra mondiale*, Volume II, *La guerra nel Mediterraneo, La difesa del traffico con l'Africa Settentrionale, Tomo 1°, dal 10 Giugno al 30 Settembre 1941*, Roma, 1958, p.104-105.
28   Romeo Bernotti, *Storia della guerra nel Mediterraneo (1940-43)*, II Edizione, Vito Bianco Editore,, Roma – Milano – Napoli, Ottobre 1960, p. 161.
29   Aldo Cocchia, La Marina Italiana nella seconda guerra mondiale, Volume II, La guerra nel Mediterraneo, La difesa del traffico con l'Africa Settentrionale, Tomo 1°, dal 10 Giugno al 30 Settembre 1941, Roma, 1958, p. 105.

▲ Visione notturna crepuscolare in porto ad Alessandria del cacciatorpediniere britannico *Mohawk* E forse l'unica copia conosciuta in cui si vede la mimetizzazione di questa nave. Collezione R. Pellegrino.

Durante la notte, arrivato il convoglio in prossimità di Capo Bon, la punta estrema settentrionale della Tunisia, il *Tarigo* aumentò la velocità allo scopo di avvistare la luce del faro prima dell'arrivo del convoglio.

Verso la mezzanotte, con le condizioni atmosferiche che restavano pessime, prima di raggiungere la zona di Kerrkenah, il cacciatorpediniere *Lampo* percepì in prossimità il rumore di un motore, ma a causa del frastuono dei ventilatori delle caldaie il comandante del cacciatorpediniere non fu in grado di riconoscere di che cosa si trattasse. Poco dopo le ore 01.00 fu avvistata al traverso a dritta la boa n. 1 di Kerkenna, e nel frattempo l'orizzonte si schiarì rapidamente e una leggera brezza da maestro spazzò la foschia. La notte era serena, il mare divenuto calmo e sulla sinistra del convoglio vi era luna alta una trentina di gradi sull'orizzonte. La formazione del convoglio si era leggermente modificata, perché tra i cacciatorpediniere della scorta il *Tarigo*, a causa di un certo diradamento delle navi mercantili del convoglio, si era spostato a dritta ed il *Lampo* era in coda alla formazione, cercando di riunire le due colonne del convoglio, ciò che era avvenuto verso le ore 10.00 del 15 aprile. Da ciò ne era determinato che "*si erano perdute alcune ore preziose e tutto il programma della traversata era stato sconvolto*"[30]; per cui il convoglio, trovandosi nel Golfo di Hammamet, nel manovrare verso le secche di Kerkenna si trovò a dirigere verso una sorte disastrosa.

---

30   AUSMM, *Supermarina – Rapporto relativo al combattimento sostenuto dai CC.TT. "TARIGO" – "BALENO" e "LAMPO" la notte del 16 Aprile 1941-XIX, Scontri navali e operazioni di guerra*, b. 30, *16 aprile 1941 attacco al convoglio "Tarigo" zona di secche di Kerkennah*.

L'ATTACCO DEI CACCIATORPEDINIERE DELLA 14ª FLOTTIGLIA. LA VERSIONE BRITANNICA

Il messaggio di avvistamento del convoglio nemico; con gruppo orario 13.57/Z, era stato trasmesso, come detto, da un aereo Martin Maryland della 431ª Squadriglia del 69° Squadron da ricognizione di Malta, con ai comandi il capitano pilota Ernest Alfred Whiteley, che temporaneamente aveva il comando della Squadriglia. Il Maryland era denominato OHSF, e stava rientrando da una ricognizione presso la costa della Tunisia volando tra la nebbia e la pioggia.[31] Il convoglio, che inaspettatamente apparve improvvisamente al capitano Whitley, comprendeva, secondo la segnalazione arrivata a Malta alle 18.00, cinque navi mercantili e tre cacciatorpediniere, avvistati al largo della costa della Tunisia in vicinanza di Capo Bon (lat. 36°12'N, long. 11°16'E), 160 miglia ad ovest di Malta, e la sua formazione aveva la rotta diretta a sud e la velocità stimata di 9 nodi.

Un secondo ricognitore Maryland del medesimo 69° Squadron, con pilota il capitano J.R. Bloxham fu immediatamente fatto decollare da Malta per ritrovare e seguire il convoglio segnalato dal Maryland del capitano Whiteley, e al Comandante della 14ª Flottiglia Cacciatorpediniere, capitano di vascello Philip John Mack, fu ordinato dal vice ammiraglio di Malta Wilbraham Ford di prepararsi a salpare. Dopo due uscite infruttuose da La Valletta, gli equipaggi dei cacciatorpediniere non avevano grandi speranze di un esito positivo in questa occasione, sebbene alcuni nutrissero segretamente il pensiero che la terza volta potesse essere fortunata.[32]

Alle ore 18.00 del 14 aprile 1941, i cacciatorpediniere della 14ª Flottiglia *Jervis* (capitano di vascello Philip John Mack), *Nubian* (capitano di fregata Richard William Revenhill), *Mohawk* (capitano di fregata John William Musgrave Eaton) e *Janus* (capitano di fregata John Anthony William Tothill) uscirono dal Grand Harbour di Malta attraverso il Canale dragato orientale allo scopo di intercettare il convoglio segnalato dal Maryland del capitano pilota Whitley. Nel percorrere la rotta di sicurezza fu usata dai cacciatorpediniere della 14ª Flottiglia la linea di fila di navigazione nell'ordine: *Jervis*, *Janus*, *Nubian* e *Mohawk*.

▲ Il cacciatorpediniere HMS Mohawk della Marina Britannica.

---

31 Christopher Shores and Brian Kull with Nicola Malizia, Malta: The Hurricane years 1940-41, Grub Street – London, 1987, p. 185.
32 Peter C. Smith & Edwin Walker, *Malta striking force*, Ian Allen, London 1974, p.19; Christopher Shores – Brian Cull – Nicola Malizia, *Malta: the Hurricane Years 1940-41*, Grub Street, London, 1987, p. 185

▲ Imbarco delle bombe su un velivolo bimotore Martin Maryland 167 del 37° Squadron su una base del deserto egiziano. I Maryland erano impiegati dal RAF come ricognitori e bombardieri.

▲ A sinistra, il vicemaresciallo dell'aria Hugh Pughe Lloyd, comandante delle forze aeree della R.A.F a Malta. A destra il viceammiraglio di Malta, Wilbraham Ford.

Appena uscita dal Canale dragato, alle 19.15, la 14ª Squadriglia, si diresse alla velocità di 26 nodi per rotta 248 gradi (est-sudest) e i quattro cacciatorpediniere poterono raggiungere la Boa n. 4 di Kerkena, molto prima che vi sopraggiungesse il convoglio nemico la cui velocità era stimata di 8 nodi. Nel frattempo, alle 19.25, il comandante Mack ricevette un messaggio trasmesso da Malta alle 18.36, nel quale erano riportati i dettagli trasmessi dal ricognitore Maryland.[33]

Alle 00.44 del 15 aprile, trovandosi nella posizione rilevamento 114°, distanza 6 miglia dalla boa n. 4 di Kerkena la rotta fu cambiata per nord-ovest (310 gradi) e la velocità ridotta a 20 nodi. Alle ore 01.00 la Squadriglia diresse per 333°, essendo questa a nord-nordovest, secondo il capitano di vascello Mack, la rotta opposta a quella probabile del convoglio nemico. Pertanto, il Comandante della 14ª Flottiglia alle ore 01.10 dette inizio al normale zigzagamento notturno.

Alle ore 01.42 egli sorpassò quella che sarebbe dovuta essere la posizione del nemico qualora la sua velocità fosse stata come stimato di 8 nodi. Alle 01.55, nel caso che il nemico avesse proceduto alla velocità di 7 nodi, si sarebbe dovuto trovare a sole 3 miglia di distanza; fu allora chiaro che l'avversario doveva aver seguito qualche altra rotta.

A Mack si presentavano due possibilità:[34]

"a) Il nemico poteva essere diretto verso Nord essendosi accorto di essere stato avvistato.

b) il nemico poteva essere tenuto sotto costa".

Il comandante Mack fece il seguente ragionamento:[35]

"Nel caso a) era vana speranza tentare di rintracciare il nemico. Non mi rimaneva quindi che agire presumendo che il nemico avesse seguito il caso b). Alle 01.55 quindi diressi per 214 gradi onde avvicinarmi alla boa n. 1 di Kerkena.

In definitiva Mack, ritenendo, giustamente, di aver superato nella rotta a nord dalla boa n. 4 di Kerkenna il convoglio "Tarigo sul suo fianco destro senza averlo avvistato, effettuò un cambio di rotta, tornando a sud.

Le condizioni atmosferiche erano: vento da nord-ovest forza 5, quindi con brezza fresca e mare moderato, con onde corte e basse e velocità tra 16 e 20 dodi.

Alle 01.40, trovandosi al largo di Sfax, e sempre navigando in formazione di linea di fila nell'ordine *Jervis, Janus, Nubian* e *Mohawk*, si verificò la prima presenza delle navi nemiche ad opera del *Janus*, che prese contatto con il suo radar tipo 286 verso est ad una distanza di 12.000 yard (quasi 11.000 metri). Alle 01.58 il capo squadriglia *Jervis*, l'unica delle quattro navi a non avere il radar, avvistò otticamente le sagome di navi su rilevamento 170° e alla distanza di circa 6 miglia. Un minuto dopo il cacciatorpediniere trasmise il segnale *"Nemico in vista sulla sinistra"*. Quindi assunse la rotta 140 gradi, per interporsi tra il convoglio e i bassi fondali di Kerkenna, e alle 02.01 aumentò la velocità a 27 nodi, per poi un minuto dopo trasmettere: *"Brandeggiare tubi di lancio sulla dritta"*. Diresse per 217 gradi in maniera da far trovare il convoglio nemico tra la luna e le unità britanniche, e nuovamente alle 02.05, ritrasmise: *"Brandeggiare tubi di lancio sulla sinistra"*. Tra le 02.07 e le 01.11 contò prima cinque e poi sette navi, queste ultime alla distanza di 3 miglia, per poi rilevare alle 02.13 che si trattava, esattamente, di cinque navi mercantili, un grande cacciatorpediniere e due più piccoli.

---

33   Peter C. Smith & Edwin Walker, *Malta striking force*, Ian Allen, London 1974, p. 21.
34   AUSMM, *Relazione ufficiale inglese sull'affondamento del C.T. TARIGO (notte sul 15/16 Aprile 1941* [da Supplement to The London Gazette dell'11 maggio 1948 n. 38287, *Report of an Action Against an Italian Fleet Convoy on the Night of 15th(16th April 1941]*. Estratto dal Bollettino Riservato N. 30 di MARISTAT . I.N. . Giugno 1949.
35   Ibidem.

▲ La 14ª Flottiglia Cacciatorpediniere con in testa la nave comando *Jervis*.

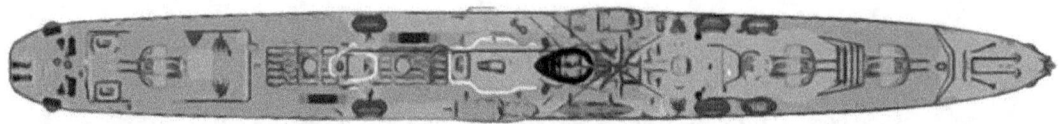

▲ Dettagli pittorici del cacciatorpediniere *Jervis*. Da: *Steam Community*.

Dirigendo per sud-est alle 02.18, mentre manovrava per 140° alle 02.20 il *Jervis* aprì il fuoco con le sue artiglierie da 120 mm e con il complesso quadrinato di mitragliere contraeree da 40 mm su uno dei cacciatorpediniere nemici, il *Lampo*, alla distanza di 2.400 yard (2.200 metri),[36] senza che vi fosse stato da parte degli italiani un qualsiasi segno di aver percepito il pericolo. Su questo attacco di sorpresa l'ammiraglio Bernotti ha scritto, con evidente accusa nei confronti dell'Alto Comando navale: *"Supermarina si era limitato ad annunciare che la ricognizione aerea nemica aveva scoperto il convoglio, ma senza avvertire che era presumibile un attacco di cacciatorpediniere; perciò, il gruppo "Tarigo" attendeva un attacco di velivoli"*.[37] E questa fu in effetti l'impressione che si ebbe sulle navi italiane e tedesche che cominciarono a sparare verso l'alto. Da questo momento l'azione assunse carattere di mischia confusa a distanza ravvicinata e decrescente.

▲ Il cacciatorpediniere *Jervis* alle prove nel 1939. Guidò l'attacco dei suoi cacciatorpediniere mantenendo la testa della linea di fila, fino al momento in cui il combattimento assunse le caratteristiche di mischia.

Mentre i colpi del *Jervis* si abbattevano sul *Lampo*, vi fu da parte del comandante Mack la constatazione di soltanto una risposta modesta da parte dell'unità nemica che, probabilmente, stava sparando con le mitragliere da 20 mm Breda, a vampa ridotta [Sui cacciatorpediniere italiani la vampa ridotta era usata soltanto dai cannoni da 120/50 mm].

Nel frattempo, sempre alle 02.20, il *Janus* vide il *Jervis* aprire il fuoco contro un piccolo cacciatorpediniere, il *Lampo*, alla distanza, misurata dal radar di 2.400 yard (2.200 metri),[38] contro il quale il *Janus*, due minuti più tardi, basandosi sul rilevamento radar, aprì anch'esso il fuoco.[39] Poi, visto il cacciatorpediniere, che era sempre il *Lampo*, colpito dalla prima salva, il *Janus*, alle 02.31, spostò il tiro sulla nave mercantile in coda al convoglio, il piroscafo tedesco *Iserlohn*, centrandola alla seconda salva d'artiglieria alla distanza di 4.000 yard (3.657 metri). Cinque minuti dopo quella nave era in fiamme, e il tiro del *Janus* fu spostato sulla nave mercantile successiva, che fu vista incendiarsi, e lanciò un siluro contro il cacciatorpediniere impegnato in precedenza, sempre il *Lampo*, ma senza colpirlo. Alle 02.30 il *Janus* aprì il fuoco contro la più grande delle

---

36 Historical Section Admiralty, *Mediterranean, September 1939 – October 1940*, Volume I, London, 1952, p. 90.
37 Romeo Bernotti, *Storia della guerra nel Mediterraneo (1940-43)*, II Edizione, Vito Bianco Editore,, Roma – Milano – Napoli, Ottobre 1960, p. 163.
38 Historical Section Admiralty, *Mediterranean, September 1939 – October 1940*, Volume I, London, 1952, p. 90.
39 Nella relazione del comandante del *Janus* è riportato: *"Questa è stata l'ultima volta in cui ho potuto calcolare la distanza a mezzo radar poiché successivamente i bersagli divennero troppo numerosi e confusi"*. Da, *Supplement to The London Gazette dell'11 May 1948 n. 38287, Report of an Action Against an Italian Fleet Convoy on the Night of 15th(16th April 1941*.

navi mercantili del gruppo di testa mettendo a segno alcuni colpi. Lanciò anche un siluro contro quel primo gruppo di navi mercantili ma con esito dubbio, perché il comandante nulla osservò dalla plancia e soltanto il personale addetto ai tubi di lancio sostenne di aver osservato una esplosione.

Secondo la relazione del comandante Eaton del cacciatorpediniere *Nubian*, dieci minuti prima dell'apertura del fuoco da parte del *Jervis*, alle 02.10 (in realtà alle 02.20), esso, navigando verso il nemico alla velocità di 25 nodi, aveva aperto il fuoco su una nave mercantile in coda al convoglio, colpendola alla terza salva. Su quella nave, ritenuta essere il piroscafo italiano *Sabaudia* si verificò un'esplosione ed un forte incendio si sviluppò nella parte poppiera. Il *Nubian* spostò il tiro sulla penultima nave e successivamente su una piccola nave che stava accostando sulla sinistra per allontanarsi. Entrambe le navi, i piroscafi tedeschi *Iserlhon* e *Aegina*, furono colpite a più riprese e si incendiarono. Nel frattempo, anche il *Mohawk* del capitano di fregata Eaton, che nella formazione seguiva il *Nubian* aveva anch'esso attaccato la nave mercantile in coda al convoglio che colpita alla seconda salva si incendiò, per poi fermarsi in fiamme a circa un miglio di distanza verso poppa.

Su questa sua azione il comandante Eaton scrisse nella sua relazione:[40]

"*Aprii un fuoco nutrito solamente per pochi minuti poiché le navi mercantili venivano ripetutamente colpite dai cacciatorpediniere che si trovavano a proravia del MOHAWK ed io non volevo sprecare munizioni*".

▲ Il piroscafo tedesco *Iserlohn*.

Tornando al *Jervis* alle 02.25 fu visto un mercantile che era in fiamme, e cinque minuti dopo cessò il tiro e fu visto il cacciatorpediniere che aveva colpito, il *Baleno*, che stava affondando. Da questo momento seguì una mischia generale in cui l'unità britannica sparò con i pezzi da 120 mm, con le mitragliere pom-pom, con le Breda e le Hotchkiss contro diverse navi nemiche a distanze variabili fra 50 e 1.800 metri. Una nave mercantile di 3.000 tonnellate, l' *Iserlohn*, tentò di speronare il *Jervis*, ma il comandante Mack riuscì ad attraversarle la prua in tempo dando alle due macchine la massima forza, e poi accese i fanali di mischia. Un grande cacciatorpediniere nemico attraversò la formazione britannica sul lato dritto, ma fu preso di mira e violentemente colpito con la prima salva da 120 mm ed incendiato a mezza nave. Lo stesso cacciatorpediniere, ritenuto della classe "Navigatori" (il *Luca Tarigo*), fu visto allo 02.23 dal *Nubian* con rotta opposta alla distanza di 1.000 yard circa (910 metri), al traverso a dritta, e contro di esso due minuti dopo, sparando con tutti i tipi delle sue armi, cannoni e mitragliere, il comandante Rawenhill ritenne che sicuramente tre proietti avessero colpito l'unità nemica sotto la plancia e sullo scafo verso poppa.

---

40   *Ibidem*.

▲ Una mitragliera pesante a quattro canne pom-pom di una unità britannica. Efficace sia nel tiro contraereo che in quello navale.

Ritornando al *Janus*, alle 02.31, un cacciatorpediniere nemico (sempre il *Tarigo*) fu visto attraversare la formazione britannica di sinistra verso dritta a forte velocità, passando tra il *Jervis* e il *Janus*. Quest'ultimo lanciò due siluri visti passare a poppa dell'unità nemica, mentre i cannoni da 120 non poterono essere brandeggiati con sufficiente rapidità per inquadrare il bersaglio, contro il quale spararono soltanto i pom-pom, i cui mitraglieri dichiararono di aver colpito quella nave. Il *Janus*, accostando sulla sinistra, diresse allora verso nord e aprì il fuoco contro una nave mercantile in fiamme sul lato est, che poi colpì con un siluro alle 02.42 facendola saltare in aria. Si trattava del piroscafo italiano *Sabaudia*, che era già stato colpito e incendiato dai cannoni del *Nubian*.

Il *Saubadia* fu visto dal *Jervis* saltare in aria alle 02.50 con una tremenda esplosione; fumo e fiamme si alzarono ad un'altezza di 2.000 metri e il *Jervis* che era distante 1.500 yard (1.371 metri) fu investito da una pioggia di schegge anche di grosse dimensioni; il mare tutt'intorno all'esplosione appariva, secondo quanto scritto nella sua relazione dal comandante Mack, "*un calderone in ebollizione*" e fu constatato che l'esplosivo della nave saltata in aria era tedesco.

In precedenza, alle 02.40 il *Jervis* aveva lanciato un siluro contro un grande cacciatorpediniere nemico, e ritenne di averlo probabilmente colpito a poppa. Doveva trattarsi del *Lampo* che, danneggiato da colpi di cannone e di mitragliere, dopo aver lanciato alle 02.32 due siluri, uno dei quali, come vedremo, colpì l'immobilizzato *Mohawk* (già colpito da un siluro del *Tarigo*) affondandolo, riuscì ad arenarsi in un banco di sabbia poco a sud della boa n. 5 delle secce di Kerkenna. Alle 02.44 il *Jervis* aveva lanciato un siluro contro una nave mercantile nemica ferma ed in fiamme, ma aveva mancato di colpire il bersaglio.

▲ Uno dei due impianti lanciasiluri tipo 21, a cinque tubi, del cacciatorpediniere *Jervis*.

Quattro minuti dopo l'attacco al *Sabaudia*, alle 02.46 il *Janus* avvistò un cacciatorpediniere della classe "Navigatori" che si dirigeva verso nord emettendo cortine di nebbia, ed aumentando la velocità a 30 nodi manovrò per attaccarlo, e appena lo individuò attraverso la cortina di nebbia, aprendo il fuoco centrò con tre colpi della prima salva quella silurante, che era il cacciatorpediniere *Luca Tarigo*.

Ha scritto nella sua relazione il comandante del *Janus*, capitano di fregata John Anthony William Tothill:[41]

"*Tra le 02.47 e le 02.59. Impegno il LUCA TARIGO su varie rotte a velocità varianti tra 16 e 30 nodi, per lo più a distanza ravvicinata. Durante detto periodo due siluri sono stati lanciati con punteria dalla plancia ed uno con punteria diretta ma nessuno ha raggiunto il bersaglio. Il tiro italiano è stato scarso e si sono potuti vedere i suoi traccianti andare alti e lunghi. Molti colpi sono stati centrati sul LUCA TARIGO ed alle 02.59 esso è fermo ed in fiamme. Ritengo che stia per affondare e mi allontano verso est per raggiungere il Capo Squadriglia. Questi mi ordina di finire il LUCA TARIGO. Apro il fuoco ad una distanza di 2.900 yard, molti colpi sono centrati e si verifica un'esplosione nella parte centrale dell'unità. Scoppia un violento incendio e si vede sbandare la nave sulla dritta.*"

Alle 02.52 il comandante Mack aveva ricevuto un messaggio del cacciatorpediniere *Nubian* che lo informava che il *Mohawk* era stato affondato da un siluro. Invece, secondo la relazione del *Nubian*, il *Mohawk*, che lo stava seguendo a poppa, il messaggio "*Sono stato colpito da un siluro*" sarebbe stato ricevuto alle 02.36 e la trasmissione che informava il *Jervis* trasmessa alle 02.37.

Nel frattempo, riferisce nella sua relazione il comandante Mack, alle 03.11, passò sotto la plancia del *Jervis* "*la scia di un siluro lanciato apparentemente dal grande cacciatorpediniere impegnato precedentemente, che è fermo e in fiamme e che si ritiene sia fuori combattimento*" (si riferisce al *Tarigo*). *Aperto il fuoco contro detto cacciatorpediniere colpendolo ripetutamente, e poiché il rilevamento scade troppo a poppa, ordino al JANUS di finire la nave nemica, cosa che essa fa*". Chi avrebbe lanciato questo siluro che passò sotto lo scafo del

---

41   AUSMM, *Relazione ufficiale inglese sull'affondamento del C.T. TARIGO (notte sul 15/16 Aprile 1941* [da Supplement to The London Gazette dell'11 maggio 1948 n. 38287, *Report of an Action Against an Italian Fleet Convoy on the Night of 15th-16th April 1941*. Estratto dal Bollettino Riservato N. 30 di MARISTAT . I.N. Giugno 1949.

Jervis è incomprensibile. Il cacciatorpediniere *Mohawk* era stato colpito dal primo siluro del *Tarigo* alle 02.36, e colpita dal secondo siluro del *Lampo* cinque minuti dopo, e quindi alle 02.41; è quindi da ritenere che il siluro non fosse uno dei due lanciati dal *Lampo* perché la differenza di orario (50 minuti) è troppo grande, e tanto meno dal *Tarigo*, dato che, sebbene apparisse ancora a galla, dopo il suo lancio di siluri delle 02.36 non né disponeva più di alcuno. Inoltre, alle 02.59, secondo il rapporto del *Janus*, il *Tarigo,* che egli aveva ripetutamente colpito, era in fiamme e sbandato sulla dritta, e quindi anche se avesse disposto di siluri sarebbe stato nell'impossibilità di lanciarli, tanto meno alle 03.11, quando l'equipaggio stava abbandonando la nave. Il *Tarigo* affondò alle 03.20.

Alle stesse 03.20, quando il disuguale combattimento ebbe fine con la perdita totale dei piroscafi del convoglio (14.398 tsl) e delle sue tre unità di scorta, il capitano di vascello Mack fece il seguente quadro della situazione. Un cacciatorpediniere affondato, due cacciatorpediniere e quattro mercantili violentemente in fiamme, un altro mercantile, quello esploso, affondato. Il cacciatorpediniere *Mohawk* appariva affondato in sette braccia di mare, appoggiato sul fianco su un fianco con circa 50 piedi del castello emergenti. Il *Nubian*, dopo aver incontrato e colpito un cacciatorpediniere con un solo fumaiolo [il *Lampo*] e in inseguito e incendiata, con i pezzi da 120 mm, una nave mercantile, tornato alle 03.13 nella zona dell'affondamento del *Mohawk* stava raccogliendone i naufraghi, che si trovavano in mare con i loro giubbotti di salvataggio e aggrappati a zattere o a qualcosa che galleggiasse nell'acqua coperta di nafta. Opera di salvataggio a cui si aggiunse alle 03.23 il *Jervis*, che successivamente ordinò al *Janus* di finire i resti del *Mohawk*, che si trovavano in lat. 34°56'5"N, long. 11°42'42"E. L'impresa fu realizzata dal *Janus*, e poiché esso aveva finito i suoi dieci siluri, sparando con un cannone da 120 mm dell'impianto "B" mise a segno sei colpi, che permisero la fuoriuscita dell'aria dall'interno dello scafo facendo affondare lentamente il relitto del cacciatorpediniere. Mentre venivano raccolti i superstiti del *Mohawk*, il capitano di vascello Mack vide una delle navi mercantili in fiamme capovolgersi ed affondare.

Alle 03.26 il *Janus* prese un contatto radar alla distanza di 10.000 yard (9.144 metri) verso nord, diresse verso quella posizione, su rotta 330 gradi aumentando la velocità, per poi accorgersi che si trattava di due piccole navi incagliate. Fu poi raggiunto dal *Jervis* e dal *Nubian* che avevano ultimato la raccolta dei naufraghi del *Mohawh*.

Abbandonate le acque dello scontro navale alle 04.03 del 16 aprile e senza soffermarsi a dare soccorso ai naufraghi delle navi in fiamme o incagliate, il *Jervis* prese la rotta 080 gradi del rientro alla velocità di 20 nodi, poi portata a 29 nodi alle 14.18. La 14ª Squadriglia cacciatorpediniere rientrò a Malta alle ore 10.00 del 16 aprile 1941, accolta dai militari della guarnigione e dalla popolazione civile in modo trionfante, così come il successo venne accolta con soddisfazione dal Comandante in Capo della Flotta del Mediterraneo e dai Lord dell'Ammiragliato britannico.

▲ Modellino del cacciatorpediniere HMS *Janus* della marina britannica.

LO SVOLGIMENTO DELL'AZIONE NAVALE
LA VERSIONE ITALIANA

Poco prima delle ore 01.00 del 16 aprile 1941, il convoglio "Tarigo" era in vista della prima Boa delle Secca di Kerkenna. Alle 01.30 i piroscafi tedeschi *Arta* e *Aegina* erano nella colonna sinistra al traverso della Boa. La fila di destra del convoglio, con i piroscafi tedeschi *Adana* e *Iserlhon* passava a poco più di un miglio dalla Boa 1. Il piroscafo italiano *Sabaudia* si trovava a poppa in mezzo tra l'*Adana* e l'*Iserlhon*. La rotta del convoglio era per 140°e la velocità tra le 8 e le 9 miglia orarie. La luna era quasi dritta sulla prora del convoglio. Quanto ai tre cacciatorpediniere di scorta la posizione del capo scorta *Tarigo* era spostata a dritta ed il *Lampo* era in coda alla formazione, mentre il *Baleno* si trovava vicino al piroscafo *Aegina*, come risulta nel grafico seguente. Pertanto, entrambi i cacciatorpediniere si trovavano sul fianco sinistro del convoglio, dalla parte delle secche di Kerkenna.

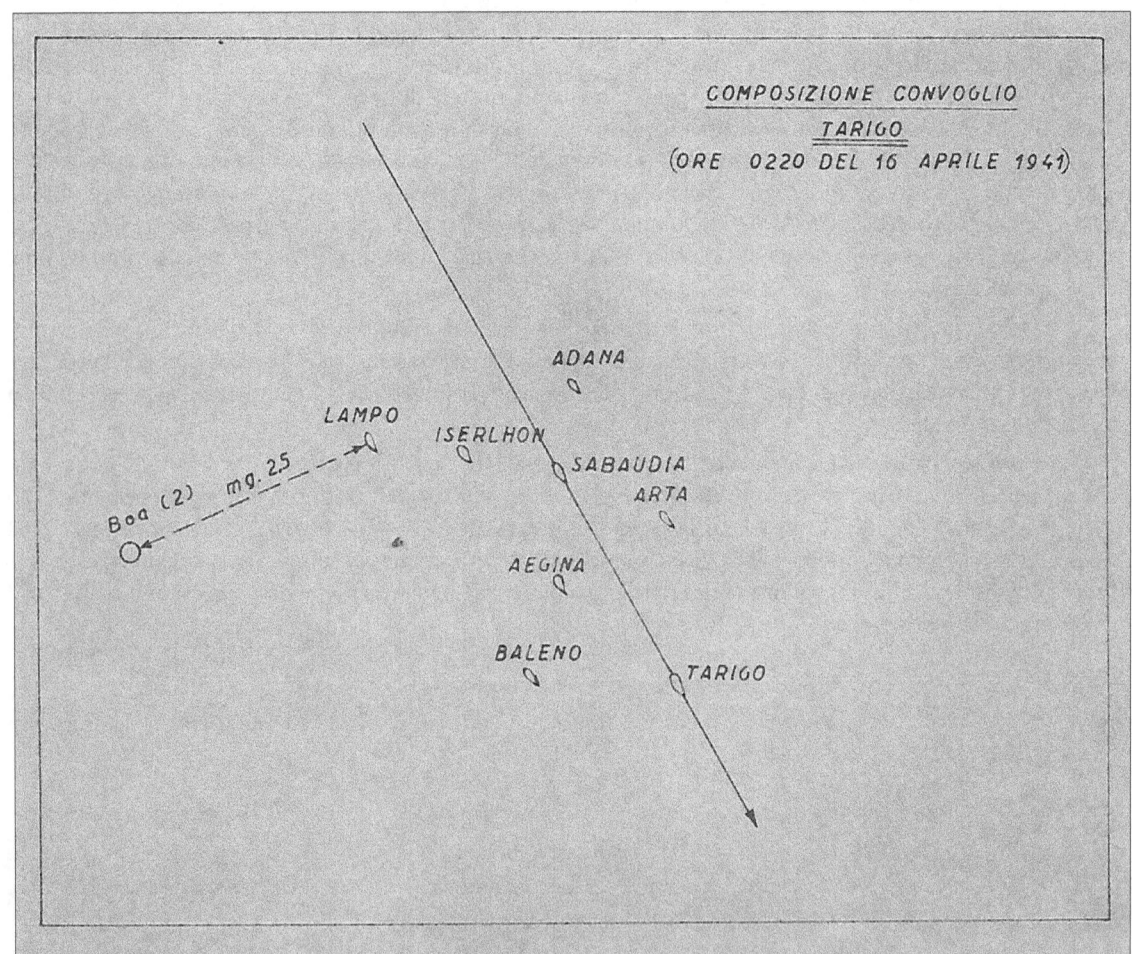

▲ Grafico dell'Ufficio Storico della Marina Militare. Notare la posizione dei tre cacciatorpediniere italiani quando l'attacco al convoglio dei cacciatorpediniere britannici arrivò da poppa.

L'attacco dei cacciatorpediniere britannici avvenne di poppa al convoglio mentre le sue navi apparivano nettamente sullo sfondo del chiarore lunare. E l'attacco fu anche avvantaggiato per una minore vigilanza nei settori prodieri delle navi italiane e tedesche, e si svolse rapidamente, con il fuoco nemico che fu aperto alle ore 02.15 del 16 aprile, con l'armamento principale e con le mitragliere pesanti quadrinate pom-pom da 40 mm, quasi simultaneamente da tutte le navi su tutte o quasi le unità del convoglio a distanza non superiore ai 3.000 metri. I piroscafi e i cacciatorpediniere italiani di scorta furono sorpresi completamente. Ad eccezione del *Tarigo*, che si trovava più lontano di prora rispetto agli altri due cacciatorpediniere. Il *Baleno* e il *Lampo*. Erroneamente, fu ritenuto che la formazione britannica stesse attaccando con due incrociatori e quattro cacciatorpediniere.[42]

***

Vediamo ora quale fu l'azione del cacciatorpediniere *Lampo*, poiché nelle ricostruzioni del combattimento di vari storici e autori, non era stato risolto quale fosse stato il cacciatorpediniere britannico che lo aveva colpito e menomato all'inizio del combattimento; e questo sebbene fosse stato chiaramente riportato a pagina 90 del libro riservato della Sezione Storica dell'Ammiragliato britannico *Mediterranean*, Volume II.

Alle 02.15, quando il convoglio aveva da poco oltrepassato la boa n. 2 di Kerkenna, il comandante del *Lampo*, capitano di corvetta Enrico Marano, che era da poco tempo imbarcato, dall'ala di dritta della plancia scorse improvvisamente a poppavia al traverso le vampe di una bordata, che rilevarono la presenza di una unità da guerra che aveva aperto il fuoco sulla sua nave. Marano distinse che il cacciatorpediniere nemico aveva un solo fumaiolo con le artiglierie in impianti binati [tipo "Jervis"], e che trovandosi ad una distanza stimata in 2.000 metri dal *Lampo*, dirigeva con rotta sud-sudest alla velocità di 20 nodi.

Dai grafici della Sezione Storica dell'Ammiragliato e dell'Ufficio Storico della Marina, a cui si deve la ricostruzione più precisa dell'azione notturna, al momento in cui le navi britanniche, il *Jervis* e il *Janus*, alle 02.20 del 16 aprile hanno cominciato a sparare contro il *Lampo*, in più arretrato di poppa al *Baleno*, che si trovava vicino alla colonna di destra del convoglio costituita dal piroscafo *Aegina* seguito dall'*Iserlohon*. Al centro delle colonne vi era il cacciatorpediniere *Tarigo*, seguito a una certa distanza dal piroscafo *Sabaudia*. alla cui si sinistra si trovava la colonna di destra del convoglio, costituita dal piroscafo *Arta* con a poppa l'*Adana*. Contemporaneamente il cacciatorpediniere *Nubian* aveva aperto il fuoco sul piroscafo *Sabaudia* incendiandolo, per poi colpire i piroscafi *Iserlohon*, e *Arta*, mentre il comandante del *Mohawk* ritenne di aver colpito una piccola nave mercantile.

Pertanto, era stato certamente il *Jervis*, seguito subito dopo dal *Janus*, il primo cacciatorpediniere della linea di fila britannica, ad aprire il fuoco alle 02.20, e che dopo aver sparato sul *Lampo* spostò il tiro su un piroscafo che fu visto incendiato a poppa. La prima salva del *Jervis* molto raccolta, ritenuta di sei colpi, cadde di prora a sinistra del cacciatorpediniere *Lampo*. Immediatamente il comandante Marano ordinò il posto di combattimento, alle macchine avanti alla massima forza, fare nebbia, al timoniere di accostare a sinistra, e al Direttore del Tiro, tenente di vascello Giovanni Pianciani, di iniziare immediatamente il fuoco. Ma il complesso di prora era fuori campo e quello di poppa, dopo aver sparato appena tre salve fu demolito dal fuoco nemico, che essendo ormai centrato, colpì il *Lampo* con tre proietti, uno dei quali distrusse la centrale di tiro. Fu gravemente ferito il Direttore del Tiro, e meno gravemente al petto, il comandante Marano, che però ebbe quale conseguenza molto dolore e l'impedimento di un braccio. Ma continuò ugualmente a dare ordini.

Mentre tentava di dirigere verso la colonna di sinistra del convoglio per proteggerla e per presentare il minore bersaglio al nemico, il *Lampo*, sottoposto ad intenso tiro d'artiglieria, secondo il comandante Marano anche da parte di altre unità nemiche (erano oltre al *Jervis* il *Janus* e il *Nubian*), fu nuovamente colpito da altri tre colpi, che oltre a distruggere la stazione radiotelegrafica e a colpire la caldaia n. 3, sviluppò incendi sotto il castello e sulla coffa, e misero l'armamento completamente fuori combattimento, e quindi causarono la cessazione del tiro, mentre raffiche di mitragliera falciarono il personale che era in coperta.

Nel frattempo, la nave comando *Luca Tarigo* aveva segnalato in chiaro per R.S.D. "*Comandante ferito*". Il capitano di fregata Marano decise di attaccare con i siluri. Ordinando al timoniere del *Lampo* un'accostata per 240 gradi, egli fece partire tre siluri contro una nave nemica distante circa 1.500 metri. Ma subito dopo le macchine del *Lampo* dovettero essere fermate, perché quella di prora fu invasa da acqua e vapore provenienti dalla caldaia n. 3, la quale all'esplosione ruppe anche la paratia, e alle macchine di poppa venne a mancare il vapore, perché altri colpi giunti a bordo in vari punti del cacciatorpediniere avevano rotto le tubolature di vapore e quelle dell'acqua di alimentazione.

---

42   AUSMM, *Attacco da parte di forze leggere nemiche al convoglio "Tarigo" presso le secche di Kerkenah (16 aprile 1941/XIX°*, Scontri navali e operazioni di guerra, b. 30, *16 aprile 1941 attacco al convoglio "Tarigo" zona di secche di Kerkenah.*

▲ Il cacciatorpediniere *Nubian* che sparando sulla colonna sinistra del convoglio colpì i piroscafi *Sabaudia*, *Iserlohon* e *Arta*.

Ha scritto il **comandante Marano** nella sua relazione:[43]

"*Il Direttore di Macchina* [capitano D.M. Sigon] *mi informa che la macchina è ferma e che, a causa di altri colpi giunti in caldaia n. 3 prevede di non poter continuare a lungo il moto dell'altra macchina. Mi si informa inoltre che le condizioni degli impianti non consentono di riorganizzare il tiro o perché i Capi impianto sono morti, quasi tutti i serventi sono fuori combattimento, il complesso di poppa è inceppato e quello di prora non può essere impiegato a causa dell'incendio che divampa sotto il castello. Decido perciò di portarmi nuovamente all'attacco per lanciare gli ultimi siluri contro le unità che si trovano a poppavia al traverso a dritta per dirigere poi, se sarà ancora possibile, all'interno delle boe di Kerkenna nell'intento di salvare l'unità. Accosto decisamente a dritta e, serrate le distanze, ordino il lancio contro l'unità più vicina; quindi, accosto nuovamente a sinistra e successivamente governo con rotte prossime a w 220°-240°. (Dei tre siluri uno non parte per mancato scoppio della carica di lancio).*

Sull'esito dei lanci non mi è possibile fare categoriche affermazioni a causa delle rapide accostate, del tiro nemico e del complesso degli avvenimenti succedutisi con ritmo incalzante. Tuttavia, segnalo che in conseguenza del secondo attacco col siluro l'unità che sparava contro il **LAMPO** *ha completamente cessato il fuoco*" [il grassetto è dell'Autore per far comprendere il lettore].

L'unità colpita da un siluro, arrivato a segno alle 02.32, era il *Mohawk* che subito dopo restò in stato di affondamento. Ha scritto il comandante del *Lampo*.[44]

"*Dopo il secondo attacco col siluro la velocità* [del *Lampo*] *diminuisce sensibilmente: giudicando prossima la completa immobilizzazione della nave e probabile il suo affondamento da parte del nemico ordino perciò di gettare in mare le casse dei documenti segreti. Nel frattempo, anche nel locale caldaie n. 3 si sviluppa un incendio mentre la stazione radiotelegrafica e il casotto di rotta cominciano a bruciare. Poco dopo la macchina cessa di funzionare. Non mi è possibile fare un punto. A prua lo scandaglio a mano indica un fondale di circa 12 metri.*

Ordino al personale superstite di abbandonare la plancia e di riunire tutti i feriti a poppa. Chiamo a rapporto il Direttore di Macchina, il quale mi riferisce che è impossibile rimettere in moto le motrici a causa delle

---

43 AUSMM, *Rapporto relativo al combattimento dei CC.TT. "Tarigo" "Baleno" e "Lampo" la notte del 16 aprile 1941-XIX, Scontri navali e operazioni di guerra*, b. 30, 16 aprile 1941 attacco al convoglio "Tarigo" zona di secche di Kerkenah.
44 Ibidem.

avarie e delle interruzioni prodottesi sulle tubolature principali e ausiliarie di vapore. Mi informa inoltre che l'incendio della caldaia n. 3 si è prodigato alle altre e che, a causa di un incendio sotto il castello, non è possibile allagare il deposito munizioni di prora. Gli ordino allora di predisporre l'affondamento della nave".

Il *Lampo* era praticamente nell'impotenza e vi era da parte del comandante e dei suoi ufficiali la preoccupazione che il nemico potesse catturarlo. E in un primo tempo, prima che le unità britanniche si fossero allontanate, il comandante, fatto affondare il gagliardetto e la bandiera di combattimento del *Lampo*, dette l'ordine di farlo saltare dando fuoco al deposito delle munizioni di poppa. Ma poi si temette che da un momento all'altro potesse esplodere il deposito munizioni di prora che non si riusciva ad allagare, perché il locale sotto castello era inaccessibile per un vasto incendio. Il comandante Marano dette allo l'ordine che l'equipaggio si mettesse in salvo sulle zattere, trattenendo a bordo soltanto il personale indispensabile per l'autoaffondamento del cacciatorpediniere. Marano, pur ferito, si trovava ancora a bordo con gli ufficiali e parte dei sottufficiali e due fuochisti, quando i sottocapi meccanici Domenico Bertuzzi e Carlo Micheluzzi, rischiando la vita, ancora una volta riuscirono ad allagare il deposito munizioni.

A causa del progressivo appesantimento del cacciatorpediniere, e per il fatto che la corrente e il vento avevano fatto scarrocciare lo scafo, il *Lampo* raggiunse le secche di Kerkenna presso la boa n. 5. Il comandante Marano fu informato che la sua nave aveva toccato il fondo ed era appoggiata su un fondale di circa 4 metri, rimanendovi perfettamente orizzontale. In tali circostanze egli riacquisto la speranza di poter salvare la nave e pertanto , con il personale che era rimasto a bordo, cercò di far circoscrivere il più possibile gli incendi e organizzò il soccorso dei feriti.

Nel corso dell'azione il *Lampo*, oltre aver lanciato contro le unità nemiche cinque siluri, uno dei quali arrivato a segno, aveva sparato sei o sette salve con il complesso dei due cannoni di poppa. Considerando la distanza di tiro ridotta, il comandante Marano considerò fosse stato efficacissimo.

Dopo l'incaglio, a bordo del *Lampo*, si vedevano le navi britanniche che sparavano ancora contro i piroscafi in fiamme in varie direzioni. Una delle unità nemiche restò per qualche tempo con i proiettori accesi nella zona prossima al *Lampo* e Marano ritenne che stesse raccogliendo dei naufraghi. Poi verso le ore 05.00 di quel 16 aprile, a mezzo di una radio di soccorso sistemato a poppa del cacciatorpediniere, e manovrato dall'unico trasmettitore rimasto a bordo e che era ferito, fece trasmettere: "*S.O.S. – S.O.S. – Naufraghi a sud boa 5 Kerkenna*". Il segnale fu ripetuto più volte ad intervalli durante le prime ore della mattinata, fin quando non furono visti arrivare, alle 08.00, alcuni aerei tedeschi, poi seguiti dall'arrivo di due piroscafi provenienti da Sfax e tre pescherecci.

Gli aerei tedeschi appartenevano ad una formazione di sei bombardieri Ju.88A del 2° Gruppo del 1° Stormo Sperimentale (II./LG.1), che venuti ad assumere la scorta del convoglio "Tarigo" fin dalle prime ore del mattino trovarono soltanto navi in fiamme o incagliate nelle secche di Kerkenak.

▲ Il cacciatorpediniere *Baleno*. Fu la seconda unità della scorta al convoglio "Targo" ad essere attaccata e poi affondata.

Vediamo ora quali erano le condizioni degli altri due cacciatorpediniere della scorta del convoglio "Tarigo".[45]

Il *Baleno* che, era stato colpito dal fuoco dei cacciatorpediniere *Jervis* e *Janus*, quasi contemporaneamente al *Lampo*, per ordine del comandante iniziò un'accostata per andare all'attacco, ma non riuscì a sparare un colpo di cannone o a lanciare un siluro perché fin dalla prima salva nemica dei cannoni da 120 mm (ritenuta da 152 mm sparata da un incrociatore) che gli arrivò a bordo, restarono uccisi il comandante, capitano di corvetta Giuseppe Arnaud, e tutti gli ufficiali di vascello meno uno.

▲ Un altra immagine del cacciatorpediniere *Baleno*.

Decedettero l'ufficiale in seconda tenente di vascello Filippo Ciravegna, il Direttore del Tiro tenente di vascello Enrico Podio, l'ufficiale di rotta sottotenente di vascello Oreste Natoli, mentre rimase in vita, pur trovandosi in plancia comando il sottotenente di vascello Guglielmo Succi. La salva distrussero anche le strutture sottostanti la plancia e la torretta della direzione del tiro del *Baleno*, e mise fuori uso le comunicazioni e la trasmissione del timone, mentre un incendio divampò in torno alla plancia e nel quadrato marescialli.

In quelle condizioni, il *Baleno* fu preso sotto un fuoco incrociato proveniente da navi nemiche che si trovavano a poppa a dritta e a poppa a sinistra, in particolare dal cacciatorpediniere *Nubian*, che fu scambiato da bordo del *Baleno* per un incrociatore. La seconda salva che lo raggiunse distrusse la stazione radiotelegrafica, colpì la caldaia n. 1, e la quarta salva sconvolse la sala macchina di prora. Successivamente furono colpiti le tubolature di vapore, il lanciasiluri trinato di prora, un deposito di nafta e il locale riposo ufficiali. Fermatosi di colpo, il *Baleno* rimase paralizzato e in preda alle fiamme dal fumaiolo all'estrema poppa. Nel frattempo, le navi britanniche, sparando con le mitragliere pom-pom, spazzarono con le raffiche la coperta del cacciatorpediniere facendo molte vittime specie tra il personale silurista destinato ai lanciasiluri.

---

45   Archivio Stato Maggiore della R. Marina – Centro documentazione storica, *Attacco da parte delle forze leggere al convoglio "Tarigo" presso le secche di Kerkenah (16 aprile 1941)*. Riportato da Francesco Mattesini, in *Corrispondenza e Direttive Tecnico-Operative di Supermarina*, Volume Secondo I Tomo, Gennaio 1941 – Giugno 1942, Ufficio Storico della Marina Militare, Roma, 2001, Documento n. 151, p. 403-404.

▲ Nell'immagine, ripresa a bordo di un cacciatorpediniere, una mitragliera binata da 20 mm con i serventi che, tenendo d'occhio gli aerei nemici in avvicinamento, si apprestano ad aprire il fuoco contraereo. Era solo questo tipo di arma leggera che, con i cannoni da 120, erano armate le siluranti italiane.

Ne conseguì che, il timore dello scoppio del deposito munizioni di prora, procurando panico fece correre la voce di abbandonare la nave. Ma non furono molti a farlo, e di essi alcuni che si erano gettati in mare vi risalirono poco dopo. Ancora più tragica la situazione sul *Baleno* contribuì il piroscafo tedesco *Aegina*, che apparendo completamente in fiamme andò ad investire il cacciatorpediniere, strisciando su uno dei suoi fianchi. Una cinquantina di soldati tedeschi ne approfittarono per trasbordare dal rogo della loro nave sul *Baleno* cercandovi scampo.

Quando più tardi cessò il combattimento, con l'allontanamento delle navi britanniche, il capo cannoniere del *Baleno* riuscì ad allagare il deposito munizioni di prora; furono messi gli spilli di sicurezza alle bombe di profondità e l'unico ufficiale rimasto vivo, il sottotenente di vascello Guglielmo Succi, organizzò con mezzi di fortuna lo spegnimento degli incendi che furono pian piano domati. E poiché l'abbrivio aveva portato il cacciatorpediniere verso le secche di Kerkenna, il sottotenente Succi ordinò di dar fondo alle ancore in una profondità di circa 12 metri. Il *Baleno* fu mantenuto a galla con l'aiuto di una piccola pompa elettrica azionata dall'energia di un motore Diesel rimasto in efficienza, e sempre a galla il *Baleno* fu trovato l'indo-mani 17 aprile dalla nave ospedale *Giuseppe Orlando* e dal cacciatorpediniere *Ugolino Vivaldi* che salvarono i superstiti, tra cui l'unico ufficiale rimasto in vita, il direttore di macchina capitano del Genio Navale Edoardo Repetto di Borgonovo. Ma lo scafo del *Baleno* restò sulle secche, per poi, la sera del 17 aprile, nonostante gli sforzi dell'equipaggio per salvarlo cercando di arrestare le entrate d'acqua, affondare capovolgendosi, e non fu più recuperato, se non alla fine della guerra per essere demolito. Dei suoi 210 uomini dell'equipaggio vi furono 69 morti (5 ufficiali, incluso il comandante Arnaud, 11 sottufficiali e 53 tra sottocapi e marinai) e 146 superstiti. Degli ufficiali se ne salvarono soltanto tre.

***

Il *Luca Tarigo*, che al momento dell'attacco nemico si trovava in testa alla sua formazione, fu preso sotto il fuoco dopo il *Baleno* e il *Lampo*. Al rombo dei primi colpi sparati dal nemico sulle unità poppiere, il comandante De Cristoforo ebbe il tempo di mandare gli uomini ai posti di combattimento, e fece aprire il fuoco con il complesso binato da 120 mm poppiero, mentre invece non fu possibile riuscirvi con quello pro-diero. Quindi, non esitò un'istante ad infilarsi nella mischia dando ordine di spingere le macchine a tutta forza e accostando con tutta la barra del timone a dritta per andare all'attacco. In tal modo il *Tarigo* venne a trovarsi fra due piroscafi già colpiti da una parte e due cacciatorpediniere britannici (*Jervis* e *Janus*), che risalivano la formazione del convoglio sul lato sinistro della sua rotta quasi rasentando le boe delle secche di Kerkenna, e che non erano stati avvistati.

Ne seguì, come abbiamo visto dalle testimonianze britanniche, un micidiale scontro a distanza di poche centinaia di metri, a cui si inserì anche il *Mohawk*. L'accostata del *Tarigo* non era stata compiuta e le macchine non avevano aumentato l'andatura che di pochi giri, quando arrivò una prima salva d'artiglieri so-pra la plancia, colpendo il personale che vi si trovava, incluso il capitano di vascello De Cristoforo, che ebbe asportata la gamba destra, e distruggendo le trasmissioni degli ordini e del timone e la ruota giro folle.

▲ Il cacciatorpediniere *Baleno* incagliato nelle secche di Kerkenna il 16-17 aprile 1941 prima di affondare rovesciandosi sul fianco la sera del 17.

Nonostante quei colpi micidiali, e la sua menomazione, il comandante De Cristofero ribadì l'ordine di continuare l'accostata per andare all'attacco; ma i colpi del nemico, che provenivano da tre cacciatorpediniere (*Jervis*, *Janus*, *Mohawk*) continuarono a centrare il *Tarigo*, mentre quei pochi sparati dal cacciatorpediniere italiano erano risultati sparpagliati. La seconda salva nemica colpì il complesso prodiero e la caldaia n. 1 provocandovi l'esplosione. Raffiche di mitragliera spazzavano il ponte del *Tarigo*.

▲ Il capitano di vascello Pietro De Cristoforo.

Le salve successive d'artiglieria distrussero il complesso dei cannoni prodieri, che stava continuando a sparare con una sola canna, essendosi l'otturatore della seconda canna incatastato. Le fiamme sprigionatesi dalla caldaia n. 3 raggiunsero la plancia incendiandola, distrussero le mitragliere, fecero scoppiare i proietti delle riservette, schiantarono uno dei due complessi trinati di lanciasiluri, sconvolsero le macchine, aprirono grandi squarci sullo scafo.

A questo punto il cacciatorpediniere si fermò, e il direttore di macchina, capitano Luca Balsofiore, ormai gravemente ferito e rimasto cieco, si fece portare dal comandante dove, prima di morire accanto a lui, gli riferì che sulle macchine non si poteva più contare. Entrambi ricevettero la Medaglia d'Oro al Valor Militare alla memoria.

Vi fu un momento di tregua, ne approfittò il sottotenente di vascello Ettore Besagno, il quale con alcuni siluristi più o meno feriti dalle mitragliere riuscì a lanciare, con il sottocapo silurista Adriano Mazzetti, tre siluri del complesso poppiero ancora intatto, uno dei quali colpì e immobilizzò il cacciatorpediniere *Mohawk*.[46]

Subito dopo, una nuova rabbiosa scarica di proietti, del *Nubian* e del *Jervis*, si abbatté sul *Tarigo* non più in gradi di manovrare e di sparare, e una volta cessato il fuoco nemico il comandante, visto che il cacciatorpediniere sbandava pericolosamente, dette ordine di abbandonarlo. Il Direttore del Tiro, tenente di vascello Mauro Miliotti, "*riunì a poppa i superstiti ufficiali e militari, ed agitando il gagliardetto gridò il saluto al RE al DUCE all'ITALIA. Dopo questa breve e toccante cerimonia, messi in mare i pochi Carley ancora intatti, furono fatti imbarcare i feriti ancora salvabili e i superstiti dell'equipaggio. Gli Ufficiali rimasero a bordo finche la nave non affondò*".[47]

46   AUSMM, *Attacco da parte di forze leggere nemiche al convoglio "Tarigo" presso le secche di Kerkenah (16 aprile 1941/XIX°*; *Scontri navali e operazioni di guerra*, b. 30, 16 aprile 1941 attacco al convoglio "Tarigo" zona di secche di Kerkenah.
47   AUSMM, *Supermarina – Rapporto relativo al combattimento sostenuto dai CC.TT. "TARIGO" – "BALENO" E "LAMPO" la notte del 16 Aprile 1941-XIX*; *Scontri navali e operazioni di guerra*, b. 30, 16 aprile 1941 attacco al convoglio "Tarigo" zona di secche di Kerkenah.

▲ Il sottotenente di vascello Ettore Besagno e il capitano del genio navale Luca Balsofiore (Medaglia d'Oro al Valor Militare) entrambi del cacciatorpediniere *Luca Tarigo*.

▲ Il cacciatorpediniere *Luca Tarigo*, della classe "Navigatori", nella darsena del Cantiere OTO di Livorno dopo le modifiche del rimodernamento che riguardarono soprattutto la prora nel luglio 1940. Da: *Con la pelle appesa ad un chiodo*.

I piroscafi del convoglio, che reagirono all'attacco soltanto con le loro mitragliere, quasi contemporaneamente furono colpiti da proietti che causarono incendi nelle stive, e poiché vi era molta benzina in breve diventarono roghi ardenti. I cacciatorpediniere britannici attraversarono le acque del convoglio attaccato, passando assai vicino alle sue navi, e ciò costò loro la perdita del *Mohawk*. E mancò poco che lo stesso cacciatorpediniere non fosse speronato dal piroscafo tedesco *Arta*, che subito dopo fu cannoneggiato dal *Mohawk*, ma senza arrestarne la navigazione in direzione delle secche di Kerkenna, dove l'*Arta* andò ad incagliarsi.

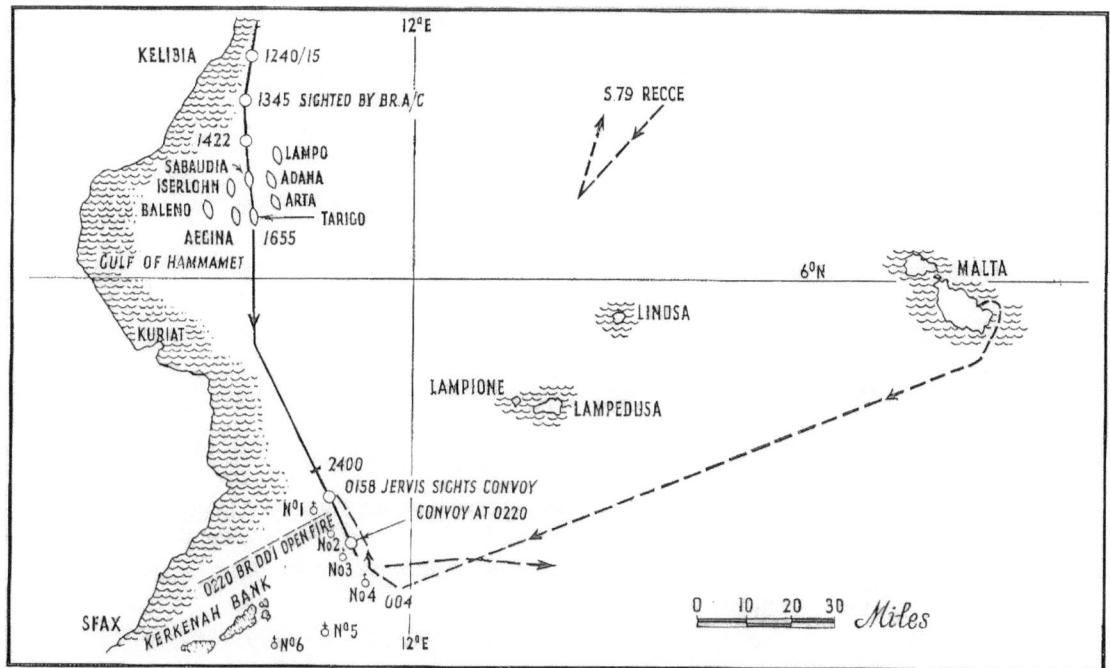

▲ La rotta di intercettazione del convoglio "Tarigo" da parte dei cacciatorpediniere britannici salpati da Malta. Osservando il convoglio, la posizione delle navi mercantili e della scorta è completamente invertita, poiché la colonna del cacciatorpediniere *Lampo* si trova sulla sinistra della rotta e non sulla destra, ed è preceduto dal cacciatorpediniere *Baleno*. Cartina da: Peter C. Smith & Edwin Walker, *Malta striking force*, Ian Allen, London 1974, p. 20.

▲ Altra immagine del cacciatorpediniere *Luca Tarigo*

LA VERITÀ SULL'AFFONDAMENTO DEL CACCIATORPEDINIERE BRITANNICO MOHAWK

Sull'affondamento del *Mohawk* ci riferiamo alla relazione del comandante, capitano di fregata John William Musgrave Eaton.[48]

"*Alle 02.30 il NUBIAN accostò sulla sinistra attraversando la rotta della nave mercantile nemica di testa, la quale immediatamente accostò sulla dritta e tentò di speronare il MOHAWK. Tale nave non sembrava affatto danneggiata e l'evitai defilando sul lato di sinistra, accostai quindi sulla dritta allo scopo di attaccarla e affondarla.*[49]

Mentre il MOHAWK era ancora sotto accostata sulla dritta un siluro lo colpì sulla dritta all'altezza del pezzo Y, facendo saltare la parte posteriore della nave a partire da un punto situato un po' a proravia del pezzo stesso. La nave si fermò subito ed ordinai al Direttore di macchina di riferirmi sull'entità del danno. I pezzi prodieri aprirono il fuoco contro la nave mercantile con tiro diretto dalla plancia e vennero centrati dei colpi che incendiarono la nave facendola fermare.

Nei paraggi non era in vista alcuna nave che avrebbe potuto lanciare il siluro ad eccezione del cacciatorpediniere nemico incendiato e fermo a oltre un miglio a poppavia del MOHAWK, ne dedussi che dovesse trattarsi di un siluro lanciato alla cieca da tale unità forse allo scopo di sbarazzarsi di un eccesso di peso.

Il Direttore di macchina mi riferì allora che benché la maggior parte della poppa fosse saltata, gli assi e le eliche erano ancora a posto ed egli avrebbe tentato di rimettere in moto per poter proseguire con i propri mezzi. Circa cinque minuti dopo il primo siluro un secondo siluro colpì il MOHAWK sul lato sinistro all'altezza circa della paratia stagna fra i locali caldaie n. 2 e caldaia n. 3. La nave incominciò ad affondare rapidamente mantenendosi con carena dritta ed ordinai a tutta la gente di venire in coperta.

Non era ancora trascorso un minuto da quando avevo dato quell'ordine che la nave sbandò fortemente sulla sinistra mettendo in acqua il trincarino e avendo la poppa sommersa fino all'estremità posteriore dei tubi di lancio. Impartii allora l'ordine di abbandonare la nave poiché ritenevo che il suo affondamento fosse questione di minuti.

Sei battelli Carley furono messi in mare e parte dell'equipaggio vi prese posto, mentre il resto della gente si buttò in acqua. Non fu possibile calare a mare le lance di salvataggio poiché la nave si inclinava rapidamente, ma la gente abbandonò l'unità con ordine e disciplina e considero che nelle circostanze in cui si trovava era impossibile mettere a mare gli altri Carley. ...

I superstiti furono raccolti infine dal JERVIS e dal NUBIAN e la parte posteriore del castello del MOHAWK che ancora emergeva venne affondata dal JANUS".

A differenza di quanto è stato detto nel corso degli anni, il secondo siluro che colpì il *Mohawk*, ed è cono-sciuto in tutto il mondo come tale, non poteva essere stato lanciato dal *Luca Tarigo*, che aveva consumato i suoi tre siluri disponibili in una stessa salva, ed uno dei siluri aveva colpito il *Mohawk*. Quindi è impossibile che un altro siluro del *Tarigo* cinque minuti dopo fosse andato a colpire il *Mohawk*. Pertando doveva essere stato il siluro di un'altra nave a colpire il *Mohawk*, e avendo a disposizione la relazione e il grafico di manovra e di attacco del cacciatorpediniere italiano *Lampo* é impossibile che gli scrutinatori dell'Ufficio Storico della Marina Militare, ammiragli e ufficiali di vascello, non se ne fossero accorti. E' da ritenere che l'episodio fosse stato discusso forse anche in modo vivace, poiché riguardava anche il comandante del *Tarigo*, il capitano di vascello De Cristoforo, una Medaglia d'Oro al Valor Militare a cui la decorazione era già stata assegnata da tempo, e che riguardava anche un'altra Medaglia d'Oro, Il Direttore di Macchina capitano Luca Balsofiore e, moralmente, tutti i superstiti dell'equipaggio del *Tarigo*.

---

48   Ibidem.
49   Il piroscafo tedesco che tentò di speronare il *Mohawk* doveva essere l'*Arta* che poi essendo gravemente danneggiata si portò all'incaglio sulle secche di Kerkennah; oppure, come riportano altre fonti l'*Iserlohn*.

▲ Il cacciatorpediniere britannico *Mohawk*, che fu silurato dal *Luca Tarigo* e poi finito dal *Lampo*.

▲ Il cacciatorpediniere *Janus* che dette il colpo di grazia al *Tarigo* già in stato d'affondamento.

La relazione del capitano di fregata *Eaton*, riferendosi al secondo siluro che, colpì la sua nave, sostiene: *"Circa cinque minuti dopo il primo siluro un secondo siluro colpì il MOHAWK sul lato sinistro all'altezza circa della paratia stagna fra i locali caldaie n. 2 e caldaia n. 3. La nave incominciò ad affondare rapidamente".* Come si vede il comandante Eaton non dice che il siluro era stato lanciato, come accaduto per il primo siluro, dall'im-mobilizzato cacciatorpediniere tipo "Navigatori", che era il *Tarigo*.

È invece molto chiara la relazione del comandante del cacciatorpediniere *Lampo*, capitano di corvetta Errico Marano, il quale avendo anche compilato il proprio grafico di combattimento [vedi la cartina], dopo aver riportato come si era svolto il primo attacco di siluri con il complesso di prora, attacco fallito contro il cacciatorpediniere *Nubian*, il comandante Marano ha di seguito scritto:

Essendo gravemente danneggiato dai proietti delle unità nemiche che lo tenevano sotto tiro, il *Lampo* accostò *"decisamente a dritta, e serrate le distanze, ordinò il lancio contro l'unità* [nemica] *più vicina; quindi, accosto nuovamente a sinistra e successivamente governo con rotte prossime a w 220°-240°. (Dei tre siluri uno non partì per mancato scoppio della camera di lancio). ... In conseguenza l'unità che sparava contro il LAMPO ha completamente cessato il fuoco".*

L'unita nemica colpita sul fianco sinistro da un siluro in questa fase del combattimento, vista dal comandante Marano cessare il fuoco, e subito dopo, come riportato dal comandante *Eaton*, affondare, non poteva essere che il *Mohawk*.

Eppure, di questa azione del *Lampo* nulla è stato detto alla Sezione Storica dell'Ammiragliato britannico, a cui chiedendo informazione sul combattimento di Kerkenna, è stata data dall'Ufficio Storico della Marina Militare la seguente spiegazione:[50]

"Il Cacciatorpediniere LAMPO fu attaccato per primo; il Comandante del caccia ordinò di mettere le macchine a tutta forza e di iniziare il tiro. Il complesso di poppa poté sparare tre salve prima di essere demolito [probabilmente era la salva del *Jervis*]; *quello di prora era fuori campo e fu anch'esso subito inutilizzato* [non è vero]. *Altre avarie e danni al personale erano provocati prima che l'unità potesse raggiungere una buona velocità, accostare per 240° e lanciare i siluri che però non colsero il bersaglio. Dopo il lancio la nave rimase immobilizzata e praticamente nella impossibilità di combattere* [non è riportato l'attacco del *Lampo* con i siluri]. *Essendosi il nemico allontanato per effetto della corrente il LAMPO andò ad arenare sulle secche di Kerkenna".*

Come si vede, una ricostruzione che non portava assolutamente alla conoscenza dei britannici che ad affondare il *Mohawk*, colpito ed immobilizzato dal *Tarigo* con un siluro, era stato il secondo siluro lanciato dal *Lampo*.

È invece messa in risalto questa frase riferita al *Tarigo*, quando gravemente colpito dai cannoni britannici si trovava immobilizzato:

"Il complesso dei tubi di lanci di poppa riuscì a lanciare tre siluri colpendo il Cacciatorpediniere inglese MOHAWK che affonda. Ma poco dopo anche il TARIGO, sul quale divampano gli incendi, colava a picco".

E queste descritte sono state le versioni che l'Ufficio Storico della Marina Militare ha portato a conoscenza della Sezione Storica dell'Ammiragliato britannico, che le ha a sua volta riportate nelle sue pubblicazioni, poi servite a storici e giornalisti di tutto il mondo a riportarla, senza alcuna colpa, a loro volta nei loro scritti in versione inesatta.

Il *Jervis*, che conosciuto il siluramento del *Mohawk* aveva ordinò al *Nubian* di accendere la testa d'albero, e quindi si stava dirigendo verso di esso, alle 03.11 vide la scia di un siluro avvicinarsi e passare sotto la plancia. Mack ritenne che il siluro fosse stato lanciato apparentemente dal grosso cacciatorpediniere che aveva precedentemente impegnato e che appariva fermo e in fiamme, completamente fuori combattimento. Si è ritenuto che non potesse essere che il *Tarigo*, che però a quel punto, dopo aver lanciato e colpito con un siluro il cacciatorpediniere *Mohawk* non avrebbe potuto farlo avendo consumato tutti suoi siluri. Il *Jervis* aprì il fuoco sul *Tarigo* immobilizzato e lo colpì ripetutamente; ma poiché il rilevamento stava scadendo troppo verso poppa, il comandante Mack ordinò al *Janus*, che lo seguiva nella linea di fila, di finire la nave nemica, cosa che fu fatta. Il *Tarigo* affondò rapidamente con 202 dei 236 uomini del suo equipaggio.

---

50   AUSMM, "Distruzione di u convoglio presso le secche di Kerkennah", *Scambio notizie con Ammiragliato britannico*.

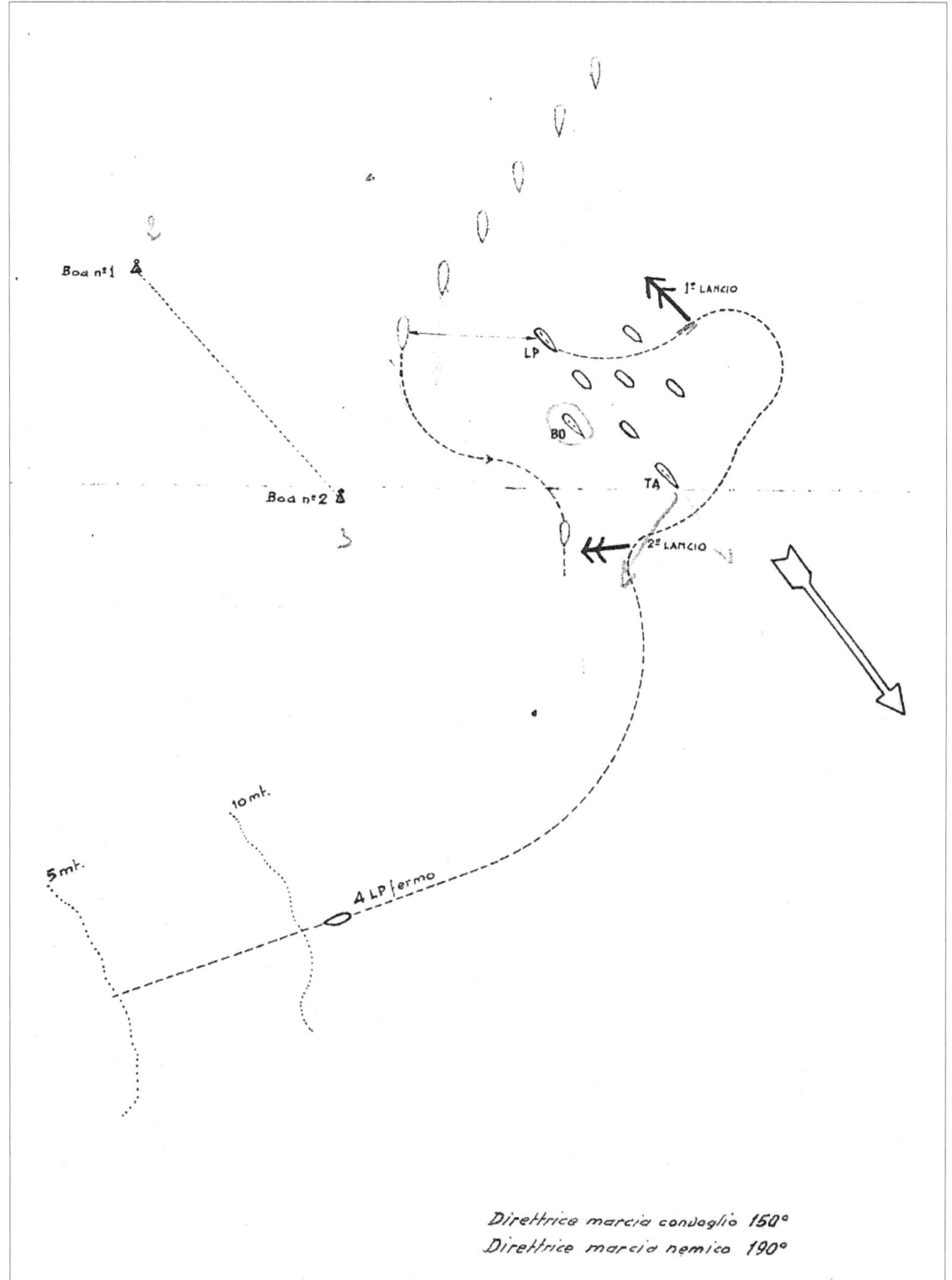

▲ L'azione di Kerkenna secondo la ricostruzione del comandante del cacciatorpediniere *Lampo* Direttrice di marcia del convoglio 150°. Direttrice di rotta dei cacciatorpediniere britannici, 190°. Rotta e lancio dei siluri del cacciatorpediniere *Lampo*: 1° lancio – tre siluri che non colpirono; 2° lancio – due siluri uno dei quali colpì l'immobilizzato *Mohawk* dandogli il colpo di grazia.

▲ Il cacciatorpediniere *Lampo* che con un suo siluro dette il colpo di grazia al danneggiato cacciatorpediniere *Mohawk*.

▲ Il cacciatorpediniere *Lampo* ripreso a Venezia nel 1937.

▲ Un'altra immagine del cacciatorpediniere *Mohawk* nell'ante guerra. Fu colpito da due siluri, il primo del *Tarigo*, danneggiandolo, e il secondo del *Lampo* che lo affondò. Dell'equipaggio decedettero 43 morti uomini, mentre i superstiti furono 168.

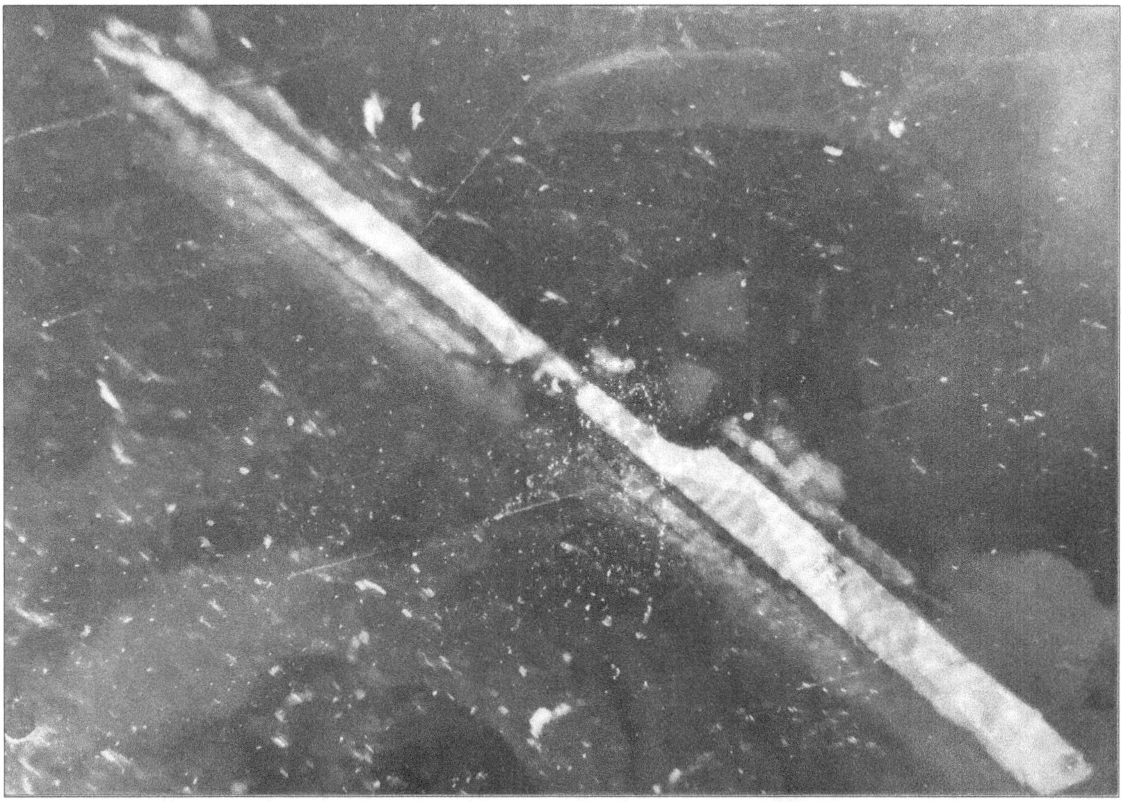

▲ Lo scafo del *Mohawk*, inclinato sul fianco fotografato in acque basse da un aereo della RAF.

Nel frattempo, il *Lampo* scarrocciando andava ad arenarsi di poppa in bassi fondali di circa 4 metri in prossimità meridionale della boa n. 5 di Kerkenna, rimanendo perfettamente orizzontale. Dopo di che, l'equipaggio restò in attesa dei soccorsi. Il cacciatorpediniere per quanto colpito da numerosissimi colpi al complesso di poppa, al locale caldaia n. 3, alle ali di plancia, al fumaiolo, alla stazione radiotelegrafica, alla controplancia, sotto castello, non presentava alcuna falla nell'opera viva dello scafo, e ciò era incoraggiante in attesa di un suo recupero.

Dell'equipaggio del cacciatorpediniere, composto da 205 uomini, vi furono 141 caduti e soltanto 64 superstiti, ossia un terzo dell'organico. Fortunatamente, a differenza di quanto accaduto sul *Tarigo* e sul *Baleno*, dove decedettero i comandanti e diversi ufficiali, tutti i nove ufficiali del *Lampo* sopravvissero.

Al capitano di corvetta Enrico Marano, comandante del *Lampo*, nato a Città Ducale (Rieti) il 3 ottobre 1903, fu conferita la Medaglia d'Argento al Valor Militare, con la seguente motivazione:

"Comandante di unità silurante in servizio di scorta ad un importante convoglio, in un improvviso, accanito combattimento notturno contro forze nemiche soverchianti, con ammirevole calma impartiva gli ordini necessari e accettava l'impari lotta con sereno coraggio. Uccisi gran parte dei suoi marinai, ferito egli stesso, rifiutava ogni soccorso e continuava incurante di sé ad animar la sua gente con la parola e con l'esempio. Instancabile, manteneva il comando con fredda energia e provvedeva ad impedire che la sua nave, ormai inutilizzata dal fuoco nemico e gravemente incendiata, cadesse in mano avversaria. Dopo il combattimento, vincendo stoicamente le proprie sofferenze, assisteva personalmente e aiutava i propri dipendenti curando le loro ferite. Bellissimo esempio di sereno sprezzo del pericolo, di virtù di comandante, di dedizione al dovere.
(Mediterraneo Centrale, 16 aprile 1941)".

***

Passando a descrivere la fine dei piroscafi, l'*Adana*, la *Aegina* furono attaccati per primi assieme e quasi contemporaneamente alle unità della scorta. I proietti che scoppiarono nelle stive, dove su tutti i piroscafi avevano il carico di automezzi e fusti di benzina, vi provocarono l'incendio. Il piroscafo *Sabaudia*, pochi minuti dopo aver ricevuto un siluro lanciato dal cacciatorpediniere *Janus*, saltò in aria con forte detonazione. Il piroscafo *Iserlhon*, l'ultimo ad essere colpito, aveva avuto il tempo di manovrare mostrando la poppa al nemico, ma non sfuggì alla sorte delle altre navi, e cannoneggiato affondò dopo essersi incendiato.

Restava ancora indenne il piroscafo *Arta*, che era stato il meno bersagliato dal nemico, e con soltanto un principio d'incendio che fu domato. Il comandante *dell'Arta*, dopo aver tentato di speronare un cacciatorpediniere nemico che stava passandogli molto vicino (doveva essere il *Mohawk*) poté portare la sua nave in secca in un punto in cui il mare era profondo 6 metri, Il piroscafo fu lasciato con la parte prodiera ancora galleggiante e con nessun danno alle macchine e caldaie, tranne al tubo principale del vapore.

▲ Sopra, il piroscafo tedesco *Arta*.

▲ Il piroscafo tedesco *Adana*, una delle cinque navi mercantili del convoglio "Tarigo".

▲ Il cacciatorpediniere *Baleno* incagliato come appariva il 16 aprile 1941. Affonderà nella tarda serata del 17 aprile dopo vani tentativi dell'equipaggio di mantenerlo a galla.

▲ Riprese aeree di navi da trasporto del convoglio "Tarigo" in fiamme o in stato di incaglio e affondamento in seguito all'attacco dei cacciatorpediniere britannici della 14ª Flottiglia della Mediterranean Fleet.

▲ Uno dei piroscafi tedeschi in stato di affondamento.

▲ Il piroscafo tedesco *Arta* incagliato. Le caldaie sono ancora in funzione come si vede dal fumo che esce dal fumaiolo nella foto sottostante.

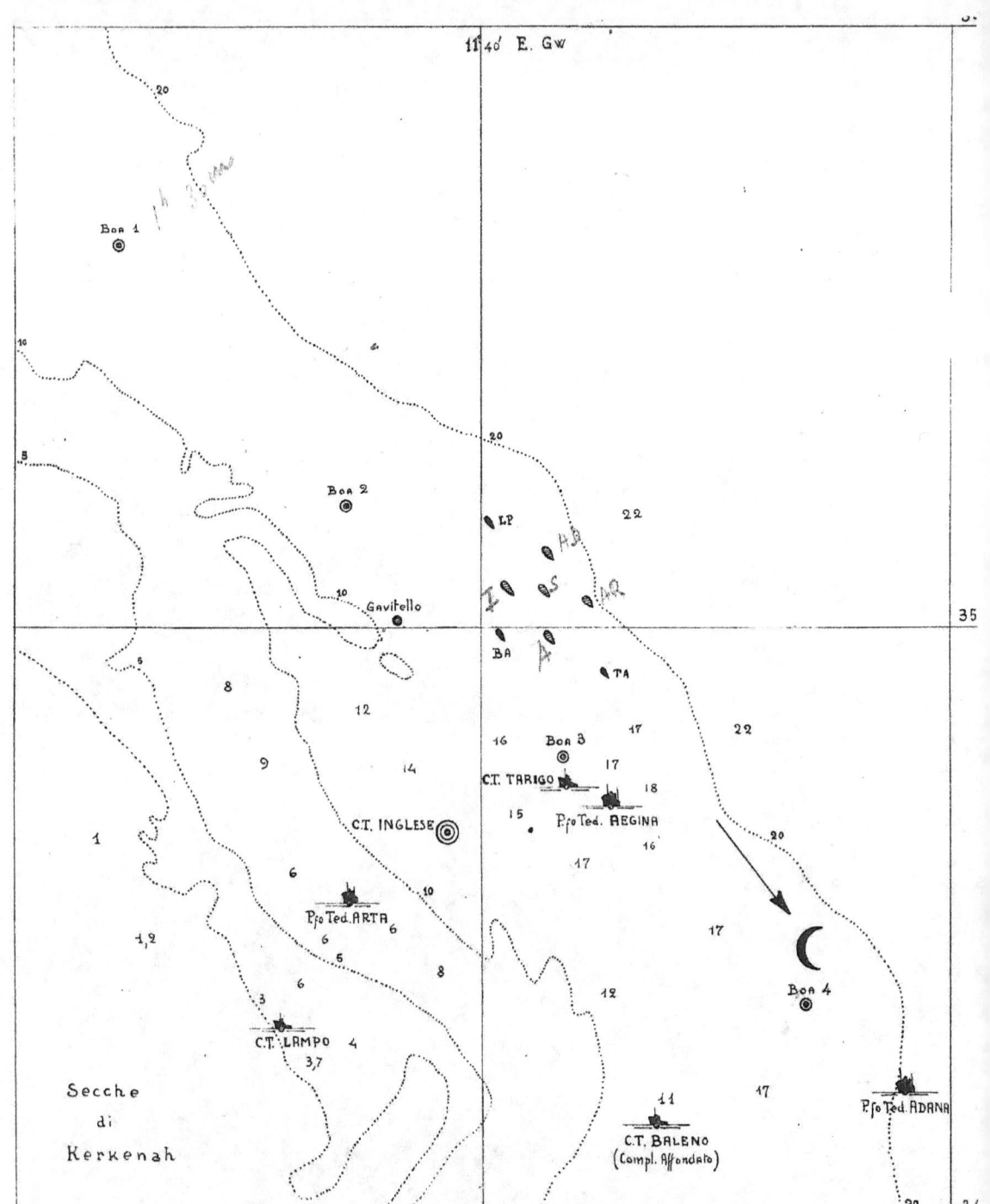

▲ Ricostruzione del combattimento navale di Kerkenna di Supermarina. Posizioni delle navi affondate e incagliate

Il comportamento del personale dei piroscafi tedeschi fu considerato ammirevole dall'ufficiale di collegamento tenente di vascello di complimento Salvatore Corrao, perché continuarono a sparare con le loro mitragliere finche poterono. Cessarono di sparare quando si incendiò ed esplose il loro cariche di benzina e munizioni.[51]

---

51   Romeo Bernotti, *La guerra sui mari nel conflitto mondiale 1939-1941, Volime 1°,* Socierà Editrice Tirrena, Livorno, 1947, p. 316-317.

IL SALVATAGGIO DEI NAUFRAGHI

Allontanatisi i cacciatorpediniere britannici, la preoccupazione maggiore sui cacciatorpediniere italiani divenne quella di mettere in salvo gli equipaggi; ossia il maggior numero di uomini prima che scoppiassero i depositi delle munizioni, e sulle navi da carico la necessità di sfuggire all'incendio, spinse a mettere in mare imbarcazioni e zattere Carley e caricarvi i feriti e il maggior numero di persone. Questa risoluzione rese difficile il salvataggio e aumentò sensibilmente il numero dei caduti perché le zattere furono allontanate e disperse dalle correnti e dal mare e dai venti, che il successivo giorno 17 aprile soffiò fresco da nord-ovest.

Gli ultimi salvataggi furono realizzati fin dopo settantacinque ore di penosissima attesa da mezzi di Marilibia Tripoli. Più fortunati furono coloro che rimasero a bordo. Il salvataggio fu compiuto in massima parte da alcuni idrovolanti italiani Cant.Z.506 e successivamente dalla piccola nave ospedale *Orlando* (capitano Sorbelli) e dai piroscafi *Antonietta Lauro* e *Capacitas*, usciti dal porto tunisino di Sfax, ma anche dai rimorchiatori *Ciclope*, *Trieste*, *Montecristo*, *Pronta* e *Salvatore Primo*.[52]

Uno degli idrovolanti, proveniente da Tripoli con pilota un tenente colonnello ammarò nel pomeriggio in prossimità del *Lampo*, del quale prese a bordo dieci feriti, tra i quali sei molto gravi. Prima che il velivolo decollasse il comandante del *Lampo* richiese al tenente colonnello di portare al Comando di Marilibia Tripoli (ammiraglio di divisione Pellegrino Matteucci) un suo fonogramma, in cui riportava:[53]

"*LAMPO incagliato in fondali di circa 4 metri prossimità boa 5 Kerkenna – allagati depositi munizioni locali caldaie et macchine alt Ritengo possibile recupero unità breve tempo previo invio palombari et due rimorchiatori alt Se unità deve essere distrutta prego invio bombe alt*".

▲ La nave ospedale *Arno*, nel 1940.

---

52   AUSMM, *Attacco da parte di forze leggere nemiche al convoglio "Tarigo" presso le secche di Kerkenah (16 aprile 1941/XIX°* ; *Supermarina – Relazione sullo scontro delle secche di Kerkenah ricostruito sugli interrogatori e sulle deposizioni dei superstiti*. Napoli, 30 Aprile 1941.XIX, Scontri navali e operazioni di guerra, b. 30, 16 aprile 1941 attacco al convoglio "Tarigo" zona di secche di Kerkenah.
53   AUSMM, *Supermarina – Rapporto relativo al combattimento sostenuto dai CC.TT. "TARIGO" – "BALENO" E "LAMPO" la notte del 16 Aprile 1941-XIX*, Scontri navali e operazioni di guerra, b. 30, 16 aprile 1941 attacco al convoglio "Tarigo" zona di secche di Kerkenah.

▲ Ripresa aerea del cacciatorpediniere *Lampo* nella zona di bassi fondali presso la boa n. 5 di Kerkenna in cui si è incagliato per evitare l'affondamento, a causa dei gravi danni riportati nel combattimento.

Al salvataggio dei naufraghi Supermarina, oltre ad avvertire di salpare da Tripoli alla nave ospedale *Giuseppe Orlando*, aveva anche ordinato la partenza da Messina della ben più grande nave ospedale *Arno* (comandante il capitano di corvetta Salvatore Porzio, comandante militare il capitano di vascello Djalma Viotti), che dopo la partenza, alle 17.30 del 16 aprile, mise la velocità a 15 nodi nonostante vi fossero condizioni atmosferiche avverse, con mare mosso e forti vento di prora, che ostacolavano la navigazione. Arrivata alle ore 18.00 dell'indomani nella zona di Kerkenna, l'*Arno* recuperò molti naufraghi, e ne ricevette altri dalle navi già impegnate nell'opera di soccorso, tra cui 240 dal piroscafo *Antonietta Lauro*, nove marinai del cacciatorpediniere *Baleno* e un soldato tedesco da una motolancia. Il cappellano, due ufficiali e due squadre di infermieri e militari dell'*Arno* furono inviati a bordo di uno dei dragamine fatti arrivare in soccorso da Lampedusa, e dove si trovavano le salme di 80 uomini, quasi tutti soldati tedeschi, morti annegati, assiderati dal freddo, dall'acqua e per le ferite riportate; e dopo aver recuperato i loro oggetti personali e eseguito una cerimonia funebre, per ordine ricevuto da Marilibia Tripoli, furono sepolti in mare "*seguendo il cerimoniale prescritto*".[54]

[54] Mario Peruzzi, *Le missioni avventurose d'una squadra di navi bianche*, Ufficio Storico della Marina Militare, Roma, 1952, p. 108-112.

Su questa dolorosa cerimonia, il tenente generale medico Mario Peruzzi ha scritto:[55]

"All'alba del 18 due squadre d'infermieri e di marinai con due ufficiali ed il Cappellano dell'ARNO passano sul dragamine. Un servizio penoso li attende e lo compiono con rispettosa e scrupolosa fratellanza. Le salme vengono ad una ad una esaminate ed allineate ed elencate in un registro. Da ognuna vengono tolti i documenti, gioielli, orologi, valori ed ogni oggetto di particolare interesse: lettere, immagini, fotografie di vecchi, di donne, di bambini, che ridestano commossi pensieri per i cari lontani. Ognuno pensa a quei morti e si confronta con loro; quei ritratti familiari acquistano fisonomie di parenti, di mogli, di figli, di care persone lontane; la pietà per le vittime raccolte si trasforma in un sentimento d'egoistica pietà, di tenerezza per i propri cari che potrebbero un giorno piangere nel rivedere un anello, una medaglietta, una fotografia deteriorata dal mare e dal fuoco. Alle 8 le salme sono allineate e ricomposte per l'immersione; una breve cerimonia religiosa nello stile militare lascia un ricordo commosso negli equipaggi".

Per il recupero del *Lampo*, a cui il 4 luglio la nave soccorso *Epomeo* aveva prelevato le salme dei marinai deceduti dando loro sepoltura in mare, furono inviati sul posto del suo incaglio la nave per recuperi *Artiglio II* ed il motoveliero requisito *V 68 Elsa* (comandante Giuseppe Padovani), a bordo del quale si trovavano, assieme all'equipaggio, un ufficiale della Regia Marina e quattro sommozzatori, che per oltre un mese lavorarono per tamponare le falle nello scafo del cacciatorpediniere, prosciugarne i locali allagati e rimettere la nave in condizioni di galleggiabilità. Dopo quattro mesi di incaglio, i lavori per liberare il *Lampo* dall'incaglio si prolungarono per altri quattro giorni, dall'8 all'11 agosto 1941. Dopo di che con l'appoggio del rimorchiatore *Artiglio II*, che disincaglio il cacciatorpediniere, questo fu trasportato a Palermo, da cui dopo alcuni lavori provvisori, il mattino del 25 agosto 1941 partì per Napoli con quattro cacciatorpediniere della 7ª Squadriglia, suoi gemelli, *Freccia*, *Dardo* e *Strale* e *Folgore*, Quest'ultimo prese a rimorchio il *Lampo* lungo tutta la navigazione, a bassissima velocità, terminata il 28 agosto con l'arrivo a destinazione. Dopo altre riparazioni provvisorie, il *Lampo* fu trasferito prima a La Spezia e poi a Genova, dove il 21 settembre 1941 fu immesso in bacino.

I lavori, che terminarono l'8 maggio 1942, comportarono per la nave alcune modifiche, tra cui quella, per dargli una maggiore protezione contraerea con un complesso di mitragliere binate da 20 mm, posto tra i due impianti di siluri trinati lanciasiluri. Occorsero ancora due mesi prima che il *Lampo* divenisse completamente operativo. Fu affondato, sulla costa tunisina di Ras Mustafà, il 30 aprile 1943, da aerei statunitensi, e decedettero 60 del 313 uomini dell'equipaggio. Era al comando del capitano di corvetta Loris Albanese.

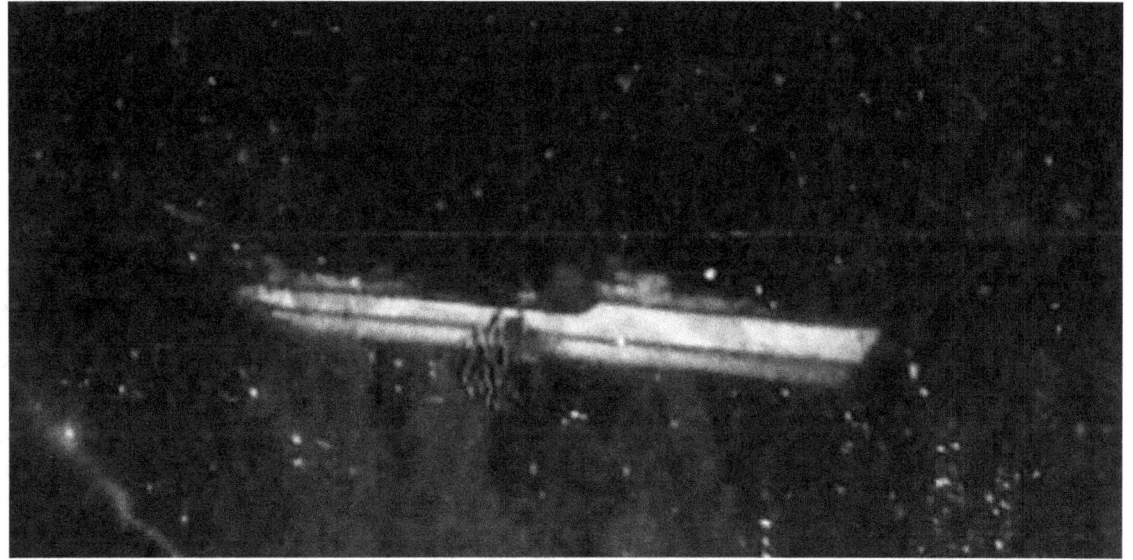

▲ Un altra ripresa della ricognizione aerea italiana del relitto del Mohawk, appoggiatosi sui bassifondi delle isole al largo della Tunisia.

---

55 *Ibidem*, p. 110-111.

▲ Le immagini delle operazioni di recupero in mare delle vittime del cacciatorpediniere Lampo nel luglio 1941 da parte della nave soccorso *Epomeo*. Le salve furono poi sepolte in mare.

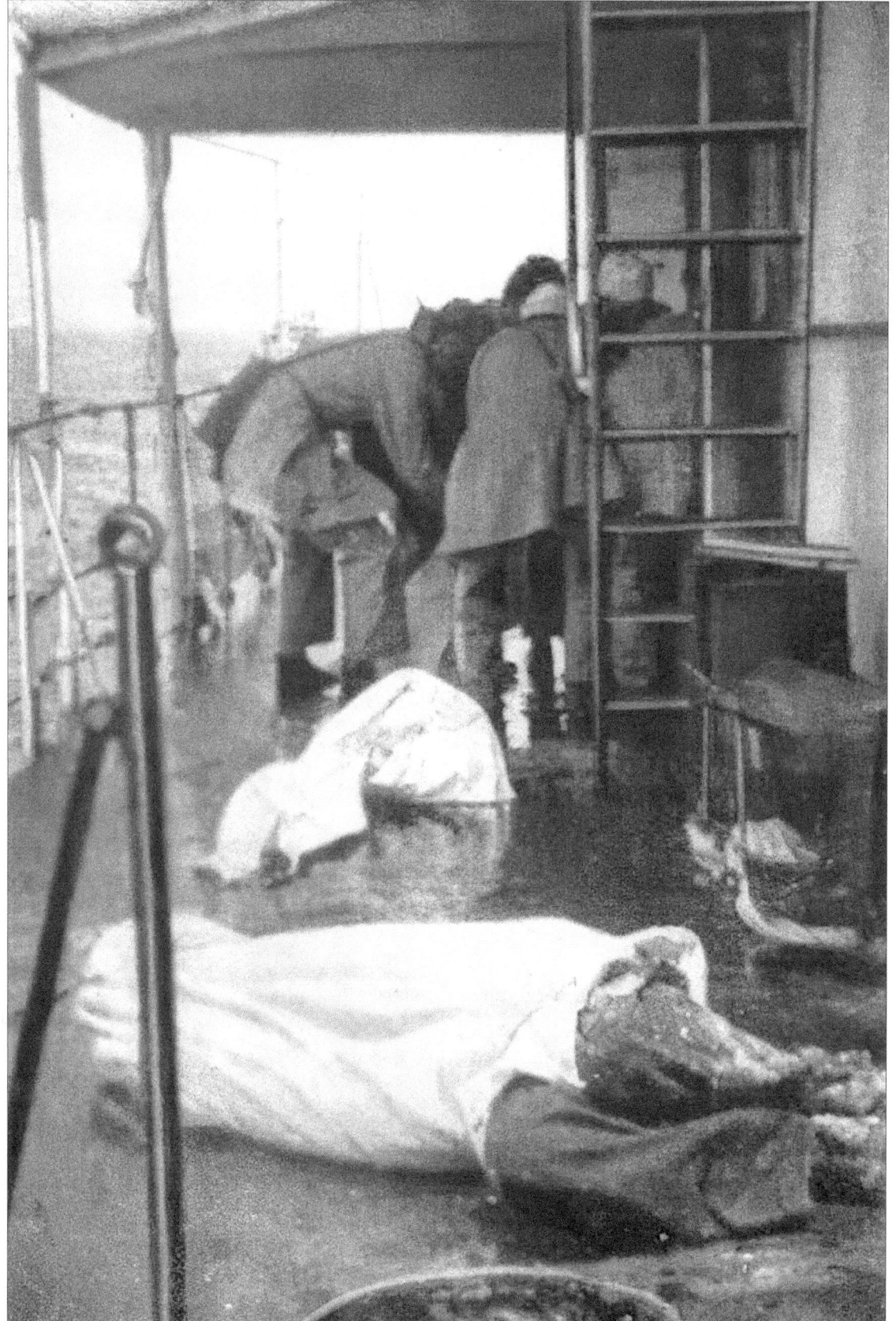

▲ La parte centrale, lato destro, del cacciatorpediniere *Lampo*, tra il torrione , con la plancia comando, e il fumaiolo, come si presentava dopo il recupero. Sotto: mappa del viaggio del convoglio.

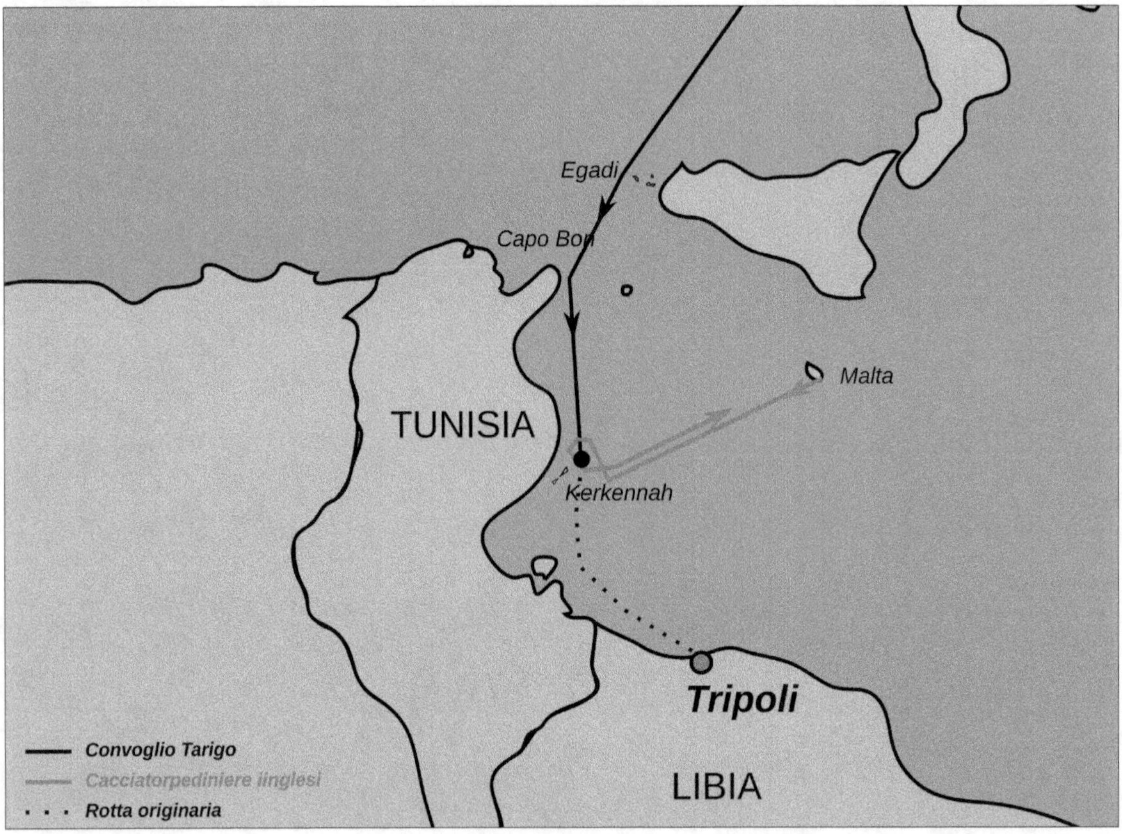

▲ In alto La nave soccorso *Epomeo*. sopra Il cacciatorpediniere *Lampo*, visibilmente danneggiato, fotografato da un aereo il 18 giugno 1941.
▼ Sotto il cacciatorpediniere Lampo nella laguna di venezia nel 1937

▲▼ Primi di maggio 1942. Il cacciatorpediniere *Lampo* a Genova alla fine dei lunghi lavori di riparazione, e di inizio delle prove di macchina. Dopo il rientro in servizio e una lunga attività di scorta convogli il *Lampo* fu affondato da bombardieri statunitensi B.25 presso Capo Bon il 30 aprile 1943, mentre trasportava un urgente carico di munizioni in Tunisia.

IL CONTEGNO DEL PERSONALE

Nella relazione del capitano di vascello Michele Melone, a cui Marina Napoli aveva dato l'incarico di compilare la relazione della battaglia, sono riportati gli elogi che meritavano gli ufficiali, i sottufficiale e tutto il personale dei tre cacciatorpediniere italiani, che si impegnarono per la difesa del convoglio. Ne riportiamo il commento:[56]

"Il contegno degli ufficiali e degli equipaggi in quella tempesta di ferro e di fuoco che fu l'impari scontro delle secche di Kerkenna fu semplicemente meraviglioso.

È difficile far nomi e precisare atti di valore, sia perché innumerevoli, sia perché questi eroi inconsapevoli sono schivi di parlarne, ma tutti si batterono con un coraggio ignoto alla Storia.

Indicarli tutti all'ammirazione della Nazione è poco.

In quella notte di bufera apocalittica giovani diventati ciechi in un istante, feriti caldi di sangue, uomini diventate larve, furono visti compiere fino all'ultimo il proprio dovere. I colpi nemici non piegarono le anime, spezzarono le armi. Le più orrende mutilazioni furono sopportate senza lamento come se la carne avesse perduto la sua sensibilità.

Atti di incomparabile altruismo furono compiuti quando si trattò di mettersi in salvo sulle zattere: si pensò prima ai feriti e gli Ufficiali rimasero a bordo finché il sacrificio non fu compiuto.

Fra tutte le altre emergono le figure dei Comandanti. I loro equipaggi ne parlano con religiosa ammirazione. Il Comandante del TARIGO conserva il comando anche quando un colpo gli ebbe asportato la gamba destra, e ribatteva l'ordine di andare all'attacco.

Durante l'azione rifiutò energicamente di essere trasportato in luogo più ridossato, e solo concesse alla pietà di alcuni fedeli di legargli il tronco dell'arto con un corpetto da marinaio, non per vivere, ma per combattere. Dopo l'azione rifiutò di essere messo in salvo su una zattera e si inabissò con la sua nave.

Il Comandante del BALENO non esitò un'istante a manovrare per andare all'attacco, stroncato da un colpo morì disperato di non poter continuare l'azione. Le sue ultime parole raccolte dal Sottotenente di Vascello Succi furono "VIVA L'ITALIA".

Il Comandante del LAMPO durante tutto il combattimento non lasciò la plancia che era il punto più bersagliato, anche quella era quasi distrutta, nascose le sue ferite, dette ordini precisi e fu di esempio e di incitamento a tutti.

L'eroismo assume forme di epica bellezza sul TARIGO, quando si temé che la nave potesse essere catturata dal nemico. Con la maniera di antica leggenda il più giovane degli Ufficiali forzò il cofano della Bandiera di combattimento che prese e nascose in petto con geloso ardore. Quando il mare renderà a Italiani di Tunisia la salma del Guardiamarina AROLI Arno essi avranno il tricolore del TARIGO, a pegno di passione fede e sapranno di che lacrime grandi e di che sangue è l'anima dell'Italia Fascista per la loro liberazione.

Prima che la nave si inabissasse, a coronare l'opera di quella notte di supremi sacrifici, gli Ufficiali e l'equipaggio superstiti, riuniti religiosamente a poppa, agitando il Gagliardetto, gridarono in faccia al nemico il saluto al DUCE, alla PATRIA. Fu un grido di trionfo che superando il fragore della battaglia echeggiò per tutto il Mediterraneo.

IL CAPITANO DI VASCELLO

F/to MICHELE MELONE

---

56 AUSMM, Supermarina – Rapporto relativo al combattimento sostenuto dai CC.TT. "TARIGO" - "BALENO" E "LAMPO" la notte del 16 Aprile 1941-XIX, Scontri navali e operazioni di guerra, b. 30, 16 aprile 1941 attacco al convoglio "Tarigo" zona di secche di Kerkenah.

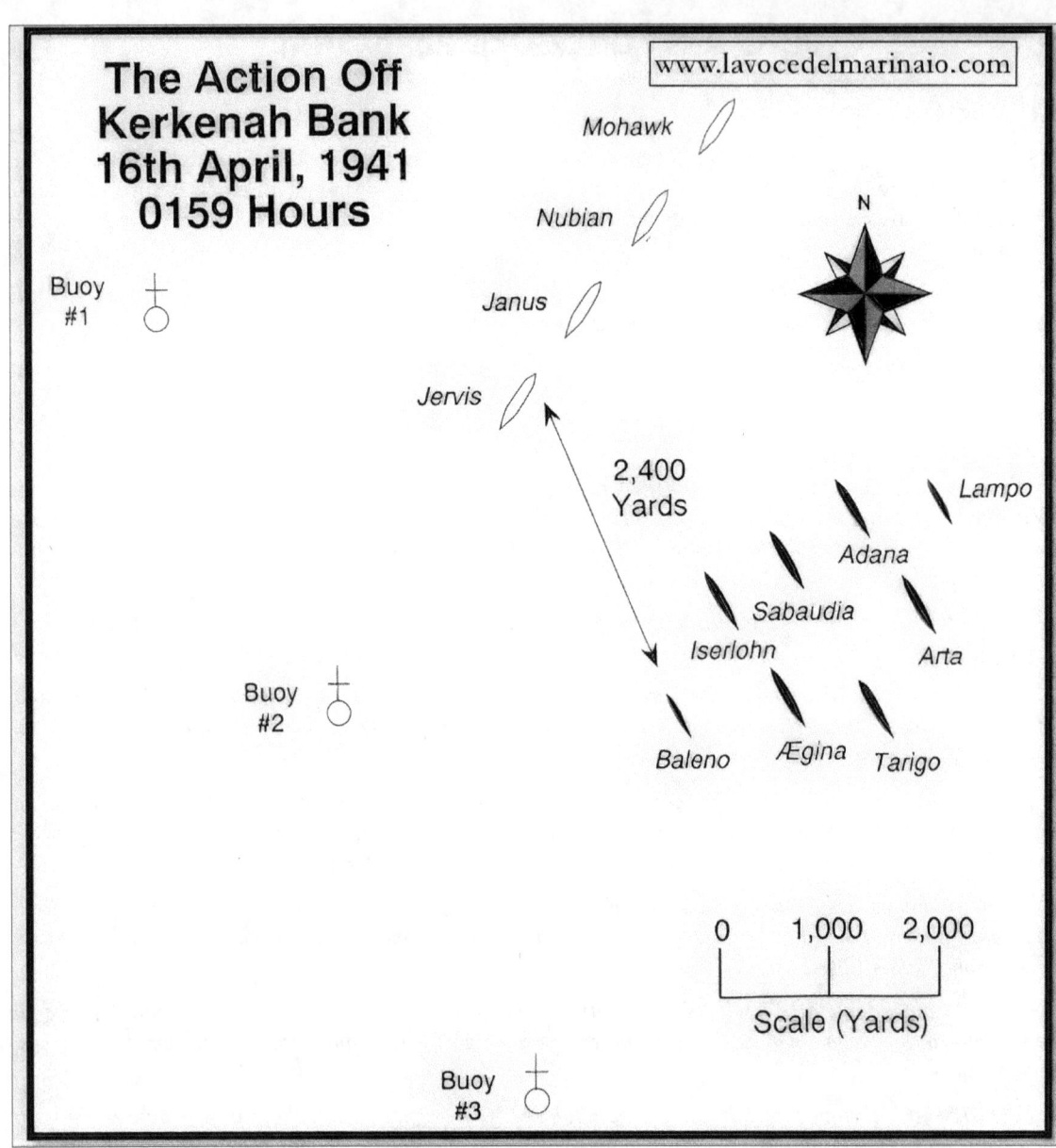

▲ Una cartina del sito Internet "*Comando Supremo*" (ripresa da "*La voce del marinaio*" in cui le navi del convoglio e della scorta sono riportate in modo completamente errato. Ad esempio, il cacciatorpediniere *Lampo* e di poppa a sinistra preceduto dal *Baleno*. Ed è sul *Lampo* che il *Jervis* aprì il fuoco con i cannoni da 120 mm.

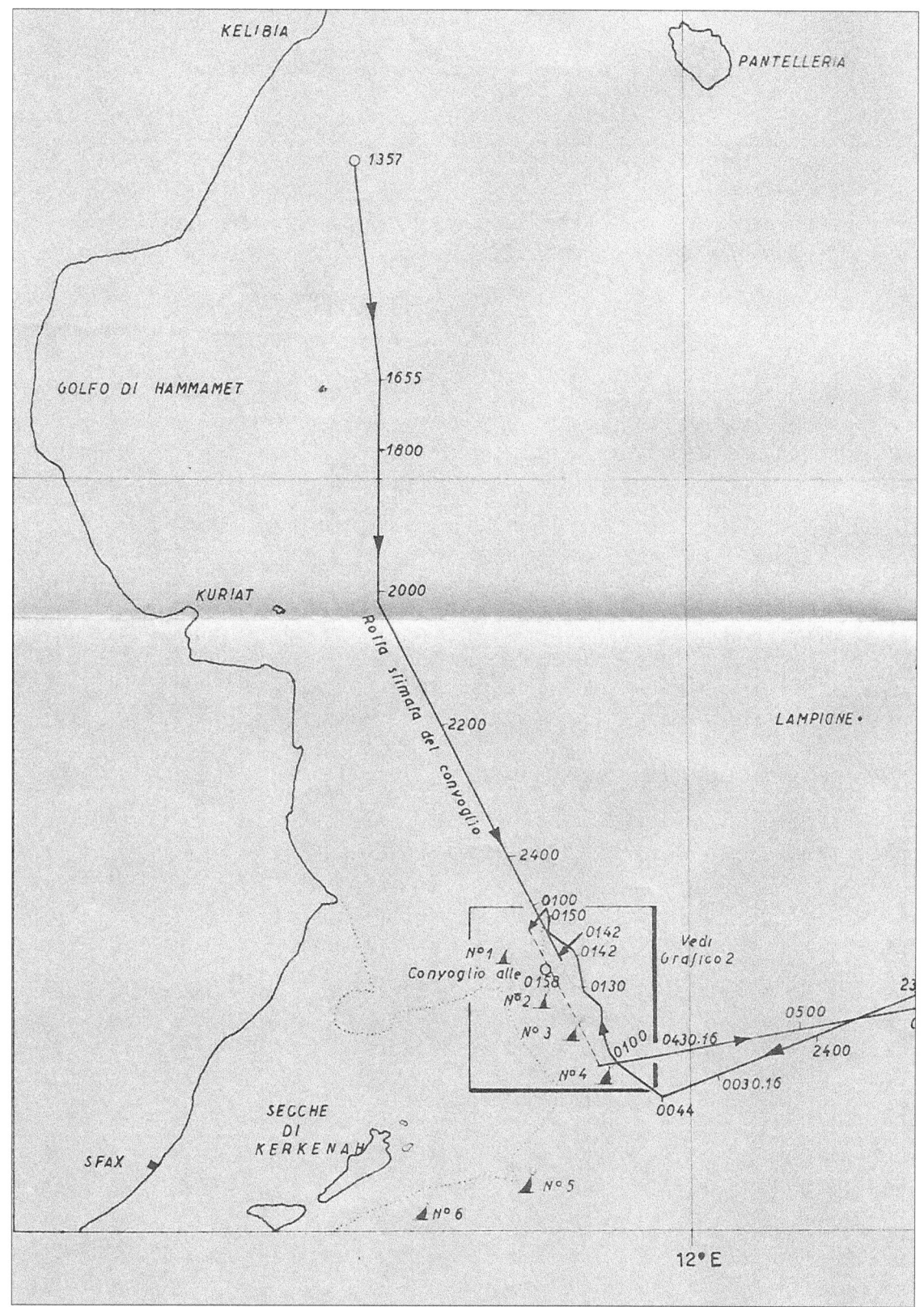

▲ Rotte del convoglio italo-tedesco e dei cacciatorpediniere britannici nella zona di attacchi delle secche di Kerkenha.
Da una cartina della Sezione Storica dell'Ammiragliato britannico

Cartina della Sezione Storica dell'Ammiragliato britannico

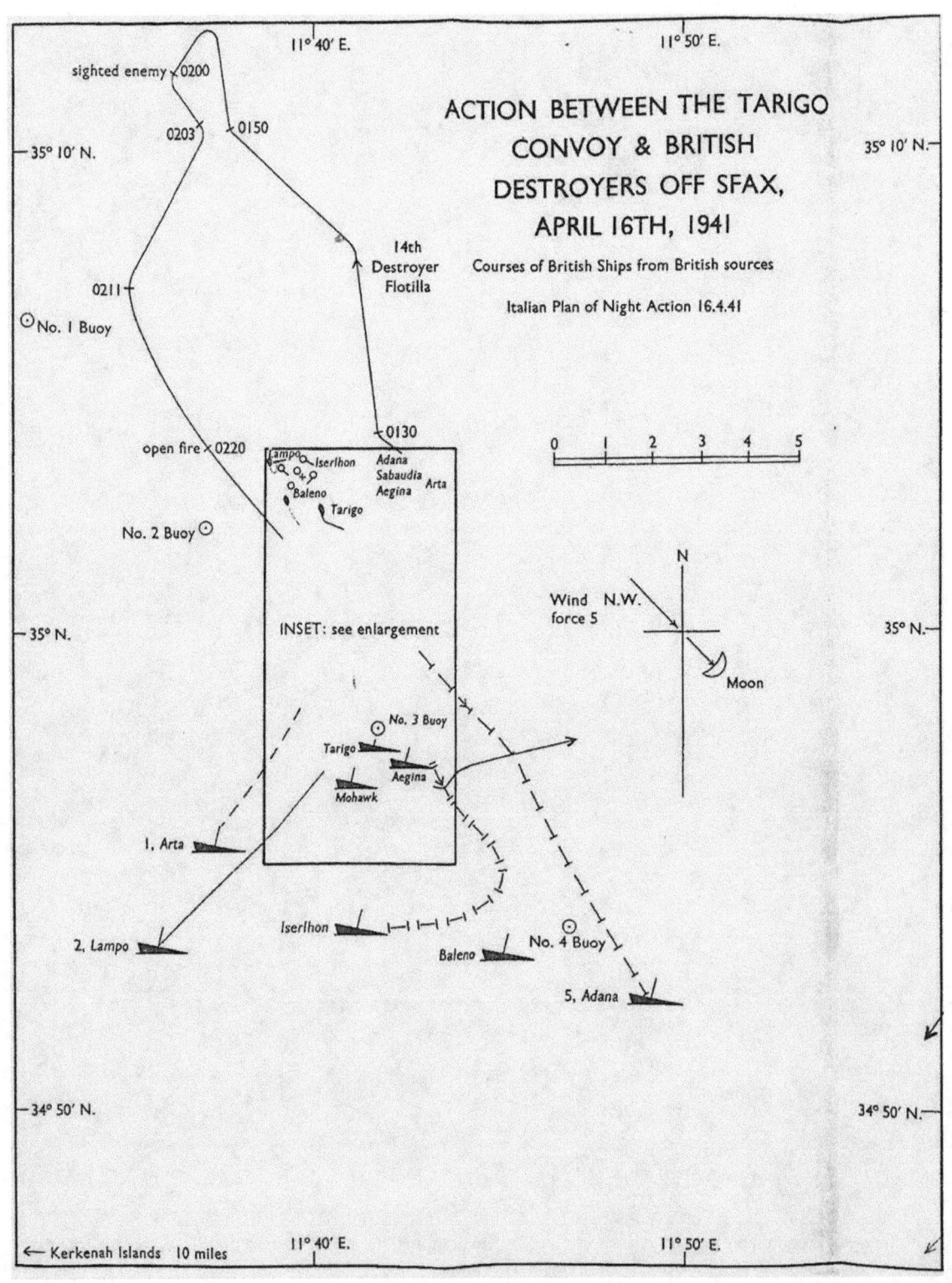

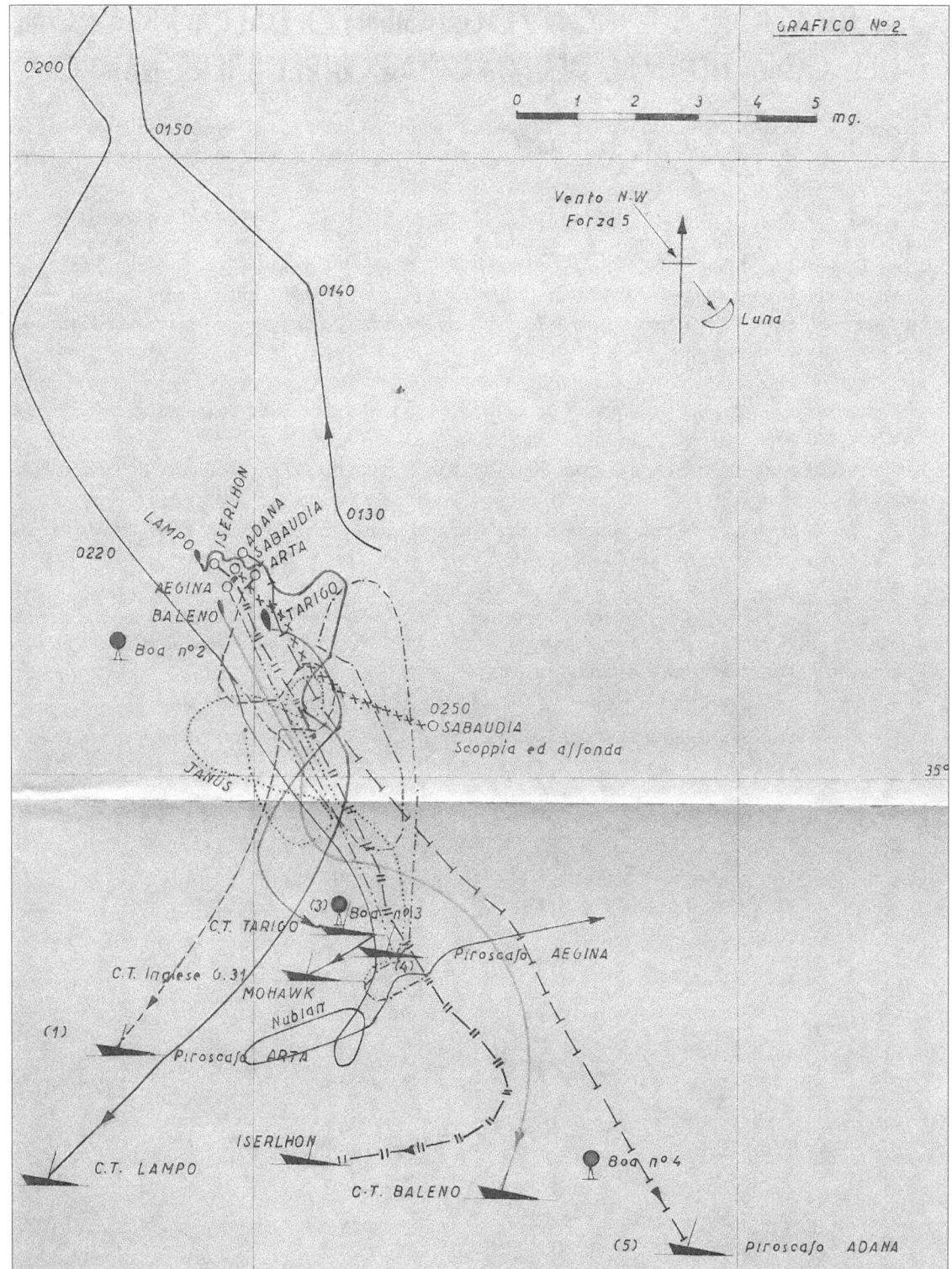

▲ Le manovre delle navi britanniche e italiane e le unità affondate. Da una cartina della Sezione Storica dell'Ammiragliato britannico. Ricostruzione dell'Ufficio Storico della Marina Militare. Come si vede la rotta del cacciatorpediniere *Lampo* per portarsi all'incaglio passa tra il danneggiato cacciatorpediniere *Mohawk*, che ha colpito con un siluro, e il piroscafo tedesco *Arta*. Il *Mohawk*, prima di essere colpito dal secondo siluro, lanciato dal *Lampo*, stava sparato sullo stesso *Lampo* e sull'*Arta*.

OSSERVAZIONI SUL CONVOGLIAMENTO DALLA RELAZIONE DEL COMANDANTE DEL CACCIATORPEDINIERE LAMPO

"*Il tempo particolarmente sfavorevole oltre a provocare il forte ritardo nella navigazione da Marettimo alle Kerkenna ha impedito altresì agli aerei del C.A.T. di disimpegnare il servizio di scorta nella giornata del 15 aprile.*

Ritengo indispensabile per i convogli in navigazione nel Canale di Sicilia tanto la scorta aerea ravvicinata quanto l'esplorazione aerea lontana. Ritengo inoltre che ai fini della navigazione in convoglio sarebbe molto utile che sui piroscafi germanici imbarcassero ufficiali della Marina da guerra tedesca. I Comandanti Mercantili dei piroscafi non sempre si attengono agli ordini della scorta e degli Ufficiali di collegamento [italiani], spesso manovrano d'iniziativa e senza preoccuparsi delle altre unità del convoglio, dimostrando scarso senso cinematico e provocando inconvenienti.

Sarebbe anche utile che i Comandanti dei piroscafi fossero riuniti prima della partenza per ricevere anche essi istruzioni dirette dal Comandante del Convoglio agli ordini dei quali debbano essere eseguiti con la massima precisione".

Passando poi a descrivere il comportamento dell'equipaggio del *Lampo*, il capitano di corvetta Enrico Marano, ha scritto:[57]

"*La perdita tra il personale durante il combattimento, come risulta dagli elenchi presentati a Marina Napoli dall'Ufficiale in 2ª Tenente di Vascello PERINI, sono ingenti a causa del fuoco intensissimo cui l'unità è stata sottoposta.*

Il contegno del personale durante e dopo l'azione è stato veramente ammirevole. La calma e la serenità hanno guidato tutti nella loro opera e gli episodi di sprezzo del pericolo, di forza d'animo e di stoicismo mi sono stati di conforto e di sprone in tutta la dura prova.

Mi permetto di segnalare il personale che maggiormente si è distinto.

Ma una sola cosa rendo soprattutto a far risaltare: Il LAMPO ha combattuto impiegando tutti i suoi mezzi con estrema risolutezza e con una profonda coscienza del dovere spinta fino al sacrificio".

▲ I convogli militari dell'asse affrontarono lo stretto braccio di mare fra la Sicilia e l'Africa sempre pieno di gravi incognite.

---

57   AUSMM, *Supermarina – Rapporto relativo al combattimento sostenuto dai CC.TT. "TARIGO" - "BALENO" E "LAMPO" la notte del 16 Aprile 1941-XIX, Scontri navali e operazioni di guerra,* b. 30, *16 aprile 1941 attacco al convoglio "Tarigo" zona di secche di Kerkenah.*

L'ERRORE DI AVVISTAMENTO DEL CACCIATORPEDINIERE ITALIANO "UGOLINO VIVALDI"

Nell'atmosfera di nervosismo determinata dalla distruzione del convoglio "Tarigo", e mentre i naufraghi delle navi affondate e incagliate venivano soccorsi, si verificò un episodio che avrebbe potuto portare ad altre dolorose conseguenze per la Regia Marina. Esso fu determinata da una errata segnalazione del cacciatorpediniere *Ugolino Vivaldi* (capitano di vascello Giovanni Galati) che assieme alle unità della sua 14ª Squadriglia della Squadra Navale, *Antonio Da Noli, Lanzerotto Malocello* e *Dardo*, alle cinque torpediniere *Centauro, Clio, Perseo, Partenone, Sirtori* e alla nave ospedale *Orlando*, era salpato da Tripoli per raggiungere la zona in cui si era verificato lo scontro notturno, ove fino al 18 aprile, quando le ricerche furono sospese, vennero salvati 1.248 membri degli equipaggi delle navi affondate e soldati trasportati. Complessivamente, l'Ufficio Storico della Marina Militare ritiene che le navi partecipanti al salvataggio dei naufraghi ne salvarono effettivamente 1.248 su 3.000 imbarcati sulle navi affondate. Invece il mio amico ricercatore canadese Platon Alexiades, consultando i documenti dell'Ufficio Storico, da lui fotografati, riporta che vi furono 1.271 superstiti, mentre i deceduti furono circa 700. Di questi caduti, 202 erano del *Tarigo*, 141 del *Lampo* e 69 del *Baleno*.

▲ L'*Ugolino Vivaldi* attraversa il canale del ponte girevole di Taranto, passando dal mar piccolo al Mar Grande, guidando i cacciatorpediniere della sua 14ª Squadriglia.

L'incidente dimostrò ancora una volta gli stati di carenza e di incertezza esistenti nell'ambito del personale della Regia Marina, dal momento che alle ore 14.40 il *Vivaldi* segnalò una inesistente "*forza navale nemica considerevole*" a circa 20 miglia sud-est di Kerkenna. In seguito a ciò, sospendendo l'opera di salvataggio dei naufraghi del distrutto convoglio, si verificò una ritirata generale di tutte le unità italiane presenti nella zona, che diressero verso il porto di Sfax, per portarsi al sicuro nelle acque territoriali francesi della Tunisia.[58]

---

58   *Ibidem*, p. 202-203; Aldo Cocchia, *La guerra nel Mediterraneo. La difesa del traffico coll'Africa Settentrionale*, Volume II, Tomo 1°, Roma, 1985, p. 101-102

▲ Il comandante del cacciatorpediniere, capitano di vascello Giovanni Galati. Il 1° agosto 1940 aveva speronato e affondò il sommergibile britannico *Oswald*, salvandone l'equipaggio finito in prigionia in Italia.

Ricevuta l'allarmante comunicazione, Supermarina ordinò alla 4ª Divisione Incrociatori (*Giovanni delle Bande Nere* e *Luigi Cadorna*) e ai cacciatorpediniere presenti a Palermo di tenersi pronti a muovere. Nello stesso tempo si preoccupò di richiedere l'intervento della Regia Aeronautica, che fece decollare dall'aeroporto di Pantelleria quattro aerosiluranti S.79 della 278ª Squadriglia, scortati da otto velivoli Cr.42 del 23° Gruppo Caccia, mentre dall'aeroporto siciliano di Sciacca partirono sei S.79 da bombardamento, con compiti di ricognizione offensiva, Raggiunta la zona di Kerkenna le due formazioni avvistarono soltanto unità nazionali e relitti.

Nel frattempo, anche il Comando Marina Messina, anch'esso allarmato, si era messo in contatto con l'Ufficio di Collegamento di Superaereo a Taormina comandato dal tenente colonnello Riccardo Helmuth Saidl. E in seguito a ciò il Comando del X Fliegerkorps mandò in volo un velivolo Ju.88D del 1° Gruppo Ricognizione Strategica (Squadriglie I.(F)/121 e 2.(F)/123), seguito da quindici Ju.88A del 3° Gruppo del 30° Stormo Bombardamento (III./KG.30).

▲ La famosa immagine di un bombardieri Ju.88A del III./LG.1 nella primavera del 1941. Avendo alle spalle il Monte Etna innevato.

Alle 19.30, nelle coordinate lat. 34°15'N, long. 21°00'E, la formazione del III./KG.30, comandata dal maggiore Arved Krüger, avvistò tre cacciatorpediniere diretti verso sud. Il comandante dei velivoli tedeschi, avendo notato da una quota di 2.000 metri le strisce bianco e rosse dipinte sulle prore dei cacciatorpediniere, che erano il segnale di riconoscimento adottato dalle unità navali italiane, sospese l'attacco in picchiata ed ordinò ai suoi gregari di fare altrettanto. Tuttavia, quattro Ju.88 non captarono l'ordine e continuarono l'azione, sganciando le loro grosse bombe antinave da 1.000 chili, una delle quali fu vista cadere molto vicino alla murata di uno dei cacciatorpediniere, che da parte loro reagirono all'attacco sparando con le armi contraeree.[59]

---

59 Mattesini, *Ibidem*, p. 303; Archivio Stato Maggiore Aeronautica Ufficio Storico, "Ufficio di Collegamento con X C.A.T, [Corpo Aereo Tedesco] fondo *DCHg 65*, Cartella X.

CONCLUSIONI

Dei cinque piroscafi del convoglio e delle tre unità di scorta, furono affondati dall'attacco dei cacciatorpediniere britannici, i piroscafi tedeschi *Adana*, *Aegina* e Iserlhon, e il piroscafo italiano *Sabaudia* e il cacciatorpediniere *Tarigo*. Rimasero immobilizzati, poiché danneggiati, il cacciatorpediniere *Lampo*, recuperato con un lavoro durato un paio di mesi, mentre il *Baleno*, che aveva qualche squarcio nell'opera viva, affondò capovolgendosi nel pomeriggio del successivo giorno 17 aprile. Restava ancora incagliato il piroscafo tedesco *Arta*, che però apparve subito che i danni ricevuti erano troppo gravi da rendere impossibile il recupero.

Pochi giorni dopo la battaglia di Kerkenna un aereo da ricognizione della RAF di Malta volando su Kerkenna mostrò, in riprese fotografiche, un cacciatorpediniere (il *Lampo*) e una nave mercantile (l'*Arta*) incagliati e come appariva nelle immagini non apparentemente danneggiati.

La notte del 26 aprile, il sommergibile *Upholder* del capitano di corvetta Malcon David Wankley si affiancò all'*Arta*, che galleggiava da prora a poppa, fino all'altezza del ponte principale, e facendo esplodere una carica esplosiva la incendiò. Il piroscafo tedesco andò completamente perduto. Nella notte dell'indomani 27 l'*Upholder* tentò di ripetere l'azione contro il *Lampo*, ma ebbe la sfortuna di incagliarsi a 4.000 metri dal cacciatorpediniere, e poi dovette rinunciarvi.[60]

Il 25 aprile l'*Upholder* aveva silurato e affondato il piroscafo italiano *Antonietta Lauro* (5.428 tsl) presso la boa n. 3 di Kerkenna.

▲ Il piroscafo Antonietta Lauro che il 25 aprile fu silurato e affondato dal sommergibile *Upholder*.

---

60   Archivio Ufficio Storico della Marina Militare, "Distruzione di u convoglio presso le secche di Kerkennah", *Scambio notizie con Ammiragliato britannico*.

▲ Il comandante del sommergibile *Upholder*, capitano di corvetta Malcolm David Wanklyn, a Malta tra gli ufficiali i sottufficiali e i marinai di parte del suo equipaggio.

Nel frattempo, essendo affondato nei pressi del *Tarigo* il cacciatorpediniere britannico *Mohawk*, che si trovava in bassi fondali sui quali era poggiato, coricato su un fianco, la Marina italiana ritenne che esistesse la possibilità di ricercare nell'interno del suo scafo documenti segreti e cifrari. Il lavoro per trovarli e prelevarli si svolse in tre fasi, il 27 aprile il 7 maggio, e dal 22 al 23 giugno, e fu diretto dal capitano di fregata Eliso Porta, del Servizio Informazioni Segrete (SIS) della Regia Marina, impiegando una squadra di cinque sommozzatori travestiti da pescatori francesi, imbarcati sulla goletta *Fiammetta*. Dopo un primo recupero di documenti interessanti, al fine dei tre recuperi furono trovate importantissimi codici e pubblicazioni di guerra, tra le quali una mappa dei campi minati di Alessandria, e il particolarmente prezioso documento *Mediterranean Station Order Book* (le Consegne di massima per la Flotta del Mediterraneo; norme di massima per le basi di Malta ed Alessandria).[61]

Vi erano poi le seguenti pubblicazioni e documenti: *Fleet Tactical Instructions* (Norme tattiche per l'impiego delle Flotte del Mediterraneo e della Home Fleet); *Ausiliary Vessels Signal Book* (in parte uguale al Fleet Siglal Book); *Signal Manual-Conduct of the Flee*t (contenente le norme per la navigazione della Flotta, le formazioni, la ricerca notturna, l'impiego delle scorte, etc.); *Merchant Shipping* (Norme e segnali per i convogli, grafici di zigzagamento, etc.); Numerosi *Confidential Admiralty Fleet Orders* (Contenenti notizie segrete sulle armi, sulle comunicazioni, etc.); Alcuni *Confidential Political and Naval News* (Bollettino settimanale dell'Ufficio Informazioni Inglese collezioni dal 1936 al 1941). Furono anche recuperati: alcuni documenti

---

61   L'aviazione britannica bombardò il relitto del *Mohawk* per distruggere i codici che sapevano si trovavano ancora bordo del relitto del cacciatorpediniere, ed anche, probabilmente, per distruggere il suo radar. Nel 1952, sommozzatori della Marina italiana che rivisitarono il relitto del *Mohawk*, trovarono e recuperarono la custodia metallica di cifratura arrugginita ma ancora intatta, che conteneva le decifrazioni ULTRA, e vi trovarono i documenti gravemente danneggiati. "*È interessante ipotizzare quale uso ne avrebbero fatto gli italiani se li avessero recuperati nel 1941*". Cfr, Jack Greene & Alessandro Massignani, *The Naval War in the Mediterranean 1940-1943*, Chatham Publishing, London, 1998, p. 164.

relativi ai segnali per il radar, di apparato motore, prove di macchina, codice X di procedura radiotelegrafica, album dei profili degli aerei, uno strumento ottico per il tiro e per il lancio, registri fonogrammi e telegrammi, etc.[62]

Sull'azione navale, consultati i rapporti delle navi britanniche che vi avevano partecipato, l'ammiraglio Andrew Browne Cunningham, Comandante in Capo della Mediterranean Fleet l'8 giugno 1941 inviò una relazione ai Lords Commissioners dell'Ammiragliato, con le sue considerazioni:[63]

"La ricerca del convoglio fu effettuata con abilità e con giusto apprezzamento. L'azione stessa fu condotta, da tutti coloro che vi presero parte, con determinazione e coraggio e fu coronata dal pieno successo poiché l'intero convoglio e la sua scorta furono completamente distrutti. Il merito principale di questo successo va attribuito al Capitano di Vascello P.I. Mack ed alle forze al suo Comando. Quest'azione ha dimostrato ampiamente lo spirito combattivo e l'alto grado di addestramento delle navi che vi presero parte. La perdita di una bella unità quale il MOHAWK è certamente molto dolorosa, ma perdite di questo genere, provocate da siluri fortuiti nel mezzo di una mischia generale, sono da aspettarsi, e si può considerare una fortuna che il Capitano di Fregata JW. Eaton e buona parte dell'equipaggio si siano salvati".[64]

Da parte italiana, l'ammiraglio Bernotti ha fatto le seguenti osservazioni, non certo lusinghiere sull'operato di Supermarina:[65]

"La ricognizione aerea aveva tempestivamente segnalato a Supermarina l'arrivo dei cacciatorpediniere nella base di Malta. Supermarina non aveva fatto rinforzare la scorta navale del convoglio, probabilmente perché, dopo l'affondamento dell'incrociatore ARMANDO DIAZ, silurato il 25 febbraio 1941 da un sommergibile al largo largo delle secche di Kerkenna, esisteva riluttanza ad adibire incrociatori alla protezione del convoglio per Tripoli. Rispetto alla forza nemica di attacco la scorta del convoglio era insufficiente: però era stato fatto affidamento sulla cooperazione aerea e sulla possibilità di evitare l'incontro. Tutto ciò portava Supermarina ad applicare con criteri eccessivamente restrittivi il principio dell'economia delle forze.

Nella ricerca notturna e nella manovra per assumere protezione tattica vantaggiosa il nemico ebbe la preziosa superiorità consentita dal radar ma dai fatti emerge come la sorte del convoglio TARIGO fosse già pregiudicata prima che le forze venissero a contatto".

Il 17 aprile, all'indomani al disastro di Kerkenna, Benito Mussolini chiamò a Palazzo Venezia l'ammiraglio designato d'armata Arturo Riccardi, per parlargli della distruzione del convoglio tedesco, sostenendo che un simile episodio non doveva *"più ripetersi"*. Il Capo di Stato Maggiore della Regia Marina rappresentò al Duce, che sulla rotta per Tripoli, passando per il Canale di Sicilia, vi erano gli sbarramenti minati recentemente creati dalle navi nazionali con intendimenti difensivi, e ciò rappresentava *"per le nostre navi per un certo tratto una rotta obbligata"*. E aggiunse: *"Di ciò, dopo otto mesi, l'avversario è pienamente edotto e ne approfitta: tutti i nostri infortuni sono infatti avvenuti su quel tratto"*.

Mussolini, evidentemente non del tutto convinto della spiegazione di Riccardi, rispose che dovevano *"essere escogitati tutti i mezzi pur di conseguire la sicurezza sulle rotte obbligate"* e all'ammiraglio che obietto" sarà *fatto il possibile"*, il Duce aggiunse che la protezione doveva essere *"a carattere continuativo cioè giorno e notte"*. In una successiva riunione al Comando Supremo, presieduta dal generale Alfredo Guzzoni, a cui par-

---

62 AUSMM,*Rapporto sulla seconda missione eseguita per il recupero dei documenti rimasti sul C.T. MOHAWK sulle secche di Kerkennah*. Copia senza intestazione, Roma, lì 30 giugno 1941/XIX, Il Capitano di Corvetta Eliso Porta.
63 AUSMM, *Relazione ufficiale inglese sull'affondamento del C.T. TARIGO (notte sul 15/16 Aprile 1941* [da Supplement to The London Gazette dell'11 maggio 1948 n. 38287, *Report of an Action Against an Italian Fleet Convoy on the Night of 15th(16th April 1941)*]. Estratto dal Bollettino Riservato N. 30 di MARISTAT. I.N. Giugno 1949; Andrew Browne Cunningham, *L'odissea di marinaio* (dall'inglese A sailor's odyssey), Garzanti, Milano, 1952, p. 200.
64 A sostituire a Malta l'affondato cacciatorpediniere *Mohawk* fu inviato il *Juno*, che era un veterano della 14ª Flottiglia, e che fu affondato nel Canale di Caso il 21 maggio 1941 da cinque bombardieri italiani Cant.Z.1007 bis del 50° Gruppo Bombardamento Terrestre dell'Aeronautica dell'Egeo, al comando del tenente Morassutti.
65 Romeo Bernotti, Storia *della guerra nel Mediterraneo (1940-43)*, II Edizione, Vito Bianco Editore,, Roma - Milano - Napoli, Ottobre 1960, p. 163-164.

tecipò il Capo di Stato Maggiore della Regia Aeronautica, generale Francesco Pricolo, l'ammiraglio Riccardi fece sapere che "*Data la situazione*" aveva "*provveduto a ritoccare gli sbarramenti*". Ma poi spiegò che "*lo spazio disponibile*", se avesse potuto essere sufficiente per sfuggire ai sommergibili lenti non lo sarebbe stato nei riguardi di navi di superficie. E, quasi volendo sottovalutare quale fosse l'entità minacciosa della formazione navale nemica presente a Malta, aggiunse: "*Non è conveniente pensare di effettuare la scorta con una divisione di incrociatori. C'è da considerare che l'avversario, da Malta può giungere sul posto* [di un convoglio] *in tre/quattro ore*".

▲ In questa immagine ripresa a Taranto sulla corazzata *Littorio*, nave ammiraglia della Squadra Navale italiana, Benito Mussolini parla all'equipaggio avendo alle spalle l'ammiraglio Arturo Riccardi, Capo di Stato Maggiore della Regia Marina, che ha accanto l'ammiraglio Angelo Iachino, Comandante della Squadra Navale

Nel corso della discussione il generale Pricolo, chiamato in causa dal generale Guzzoni per dedicare l'Aeronautica della Sicilia ad un più intenso martellamento degli aeroporti di Malta, e le navi nel porto di La Valletta", riferì di aver rinforzato i reparti aerei, per poi obiettare "*che l'avversario*" aveva "*sempre la possibilità di tenere fuori dall'isola quello che gli preme non sia visto e battuto*". Infine, per migliorare la situazione, secondo Pricolo bisognava occupare la Tunisia, che era una eventualità di cui da tempo i capi militari italiani insistevano, ma che non era affatto condivisa da Adolf Hitler, che della Francia voleva farne un alleato.[66]

A giustificazione della mancata scorta di aerei tedeschi, lamentata da Supermarina con l'aver ricevuto la notizia con un ritardo di trasmissione, il 18 aprile 1941 l'ammiragli di divisione Pietro Barone, Comandante

---

66   Stato Maggiore dell'Esercito Ufficio Storico, *Verbali e riunioni tenute dal Capo di SM Generale*, Volume II, (1° gennaio 1941 – 31 Dicembre 1941), Roma, 1983, Verbale n. 16, p. 40-44.

di Marina Messina, con il foglio Comunicazioni con X C.A.T. protocollo n. 2/1285/S.R.P., scrisse piuttosto risentito a Supermarina:

"*Sin dal mattino del 15 Aprile il X° C.A.T. aveva sospeso le scorte aeree ai convogli per le cattive condizioni atmosferiche, perdurate durante il giorno nella zona di navigazione dei convogli, e nella notte sul 16 Aprile, come venne confermato la sera del 15, nessun aereo era previsto si levasse in volo. Pertanto, le comunicazioni di questo Comando al X° C.A.T., anche se tardive, non avrebbero in alcun modo potuto influire sulla sorte del convoglio TARIGO ...*

La presenza del ricognitore inglese sul convoglio TARIGO della quale si ebbe conoscenza nelle ore pomeridiane del giorno 15, è stata regolarmente segnalata anche al X° C.A.T. e al Comando Aeronautica della Sicilia, per le eventuali provvidenze, ed entrambi questi Comandi si trovarono concordi nel riconoscere l'impedimento delle condizioni atmosferiche avverse ad ogni intervento"

Infine, il giudizio del Comando operativo dell'Alto Comando tedesco, la Seekriegsleitung, fu il seguente:[67]

"*La perdita del prezioso convoglio con personale e materiale urgentemente necessario per le operazioni in Cirenaica è altamente deplorevole. E' riconducibile - [almeno] a giudicare sulla base dei documenti disponibili - alla mancata ricognizione aerea a causa delle cattive condizioni atmosferiche dalla non [sottolineato nel testo, n.d.t.] sufficiente scorta di 3 cacciatorpediniere, vista la situazione, e probabilmente al carente addestramento degli italiani, i quali alla luce delle ripetute esperienze e, in particolare, con riguardo alle esigenze di navigazione notturna in tempo di guerra e di combattimento notturno non sono in alcun modo migliorati. Vi si aggiunge la mancanza di strumenti dei mezzi italiani in fatto di buona ottica notturna e la totale assenza di radiotelemetri, i quali sarebbero di particolare importanza per i convogli destinati a Tripoli, ai fini di una tempestiva manovra elusiva (si cerca di porre rimedio a queste carenze attraverso apparecchiature tedesche). Rilevante per la completa sorpresa da parte britannica è la circostanza che nessuna delle unità di scorta italiane fu nelle condizioni di lanciare un radiomessaggio sull'attacco britannico. L'inoltro del 20° convoglio fu senz'altro approvato dalla Skl senza la preventiva ricognizione del X Fliegerkorps, poiché l'urgenza dell'invio rendeva necessaria l'assunzione del rischio e poiché, in considerazione della precedente attitudine del nemico in presenza di una forte scorta di navi di superficie, la minaccia non doveva essere sopravalutata. Anche la rapida ripresa degli inoltri a Tripoli di altri trasporti appare assolutamente urgente.*

In relazione alla deplorevole perdita di questo convoglio la Skl lamenta nuovamente che, nonostante le ripetute insistenze di parte tedesca verso gli italiani, non [sottolineato nel testo, n.d.t.] sia stato possibile procedere alla posa dei pianificati sbarramenti di mine nel canale di Sicilia e davanti Tripoli, che rappresenterebbero un notevole fattore di sicurezza per lo svolgimento dei trasporti per Tripoli".

La perdita del convoglio *Tarigo*, oltre ad essere la prima occasione, dall'inizio della guerra, che si offrì ai britannici per attaccare, con navi di superfice, il traffico italiano nel Mediterraneo centrale, sulle rotte con la Libia, nell'attività contro i convogli di trasporto e rifornimento dell'Afrika Korps era stato preceduto, dalla fine di gennaio 1941 dall'affondamento di una nave, il piroscafo tedesco *Ingo*, silurato e affondato il giorno 27 dai velivoli Swordfish della RAF di Malta, e di altre nove navi affondate dai sommergibili della Royal Navy. Ma fu la perdita del convoglio "Tarigo" l'avvenimento che determinò la prima grande preoccupazione nell'ambito dei Comandi italiani e tedeschi, e il compito di cercare di scacciare da La Valletta la minaccia dei cacciatorpediniere, costrinse il Comando Supremo italiano a richiedere un maggiore intervento delle forze aeree in Sicilia, in particolare del X Fliegerkorps.

Ma nonostante la pericolosità della Luftwaffe, il cui obiettivo primario era costituito nell'attacco contro la base navale e gli aeroporti di Malta, per colpirvi le navi e menomarne i caccia Hurricane II della difesa, i tre superstiti cacciatorpediniere del comandante Mack, furono rafforzati il 22 aprile dal grosso incrociatore *Gleoceste* e dai tre cacciatorpediniere *Kipling*, *Kashmir* e *Juno* (capitano di fregata St. John Reginald Joseph Tyrwhitt), quest'ultimo per sostituire il perduto *Mohawk*. Queste navi furono subito avvistate a La Valletta dalla ricognizione aerea tedesca.

L'indomani 23 aprile, i quattro cacciatorpediniere della 14ª Flottiglia, *Jervis*, *Janus*, *Jaguar* e *Juno* salparono da Malta per intercettare un convoglio nemico diretto verso sud. Si trattava del convoglio "Arcturus",

---

[67] Diario di Guerra della Seekriegsleitung, KTB 1.Skl, A, vol. 20, 16.04.1941, pp. 230-232. Traduzione di Augusto De Toro.

partito da Napoli alle 17.00 del 21 aprile diretto a Tripoli, formato dai piroscafi tedeschi *Arcturus*, *Castellon*, *Leverkusen*, *Wachfels* e dall'italiano *Giulia*, scortato dai cacciatorpediniere *Folgore*, *Saetta*, *Turbine* e *Strale*. Scorta rinforzata nel Canale di Sicilia, il pomeriggio del 23 aprile presso le secche di Kerkenna dalla 4ª Divisione Navale dell'ammiraglio Porzio Giovanola, salpata da Palermo con gli incrociatori leggeri *Giovanni dalle Bande Nere* e *Luigi Cadorna* e i cacciatorpediniere *Maestrale* e *Scirocco*.

Alle 0030 del 24, quando i cacciatorpediniere britannici della 14ª Flottiglia si trovavano a sud di Lampedusa, il *Juno* (capitano di fregata St. John Reginald Joseph Tyrwhitt) segnalò una nave sconosciuta a 4 miglia sulla sinistra, e la identificò come un incrociatore ausiliario ad un fumaiolo diretto a nord. Alle 00.41 il *Jervis* del capitano di vascello Mack aprì il fuoco con i cannoni da 120 mm colpendo alla prima salva quella nave che accostò verso sud rispondendo al fuoco. Si trattava di una motonave armata, l'*Egeo* (già *Città di Bari*), classificata dalla Regia Marina come incrociatore ausiliario, che partita da Tripoli per Palermo si trovava a 80 miglia a nord di Tripoli. Aveva anch'essa avvistato le navi britanniche alla distanza apprezzata fra 1.000 e 2.000 metri, ritenendole per incrociatori e cacciatorpediniere, e contro quelle unità aprì il fuoco. La formazione britannica appariva talmente serrata che il combattimento balistico si svolse anche con le mitragliere.

Fin dalle prime salve l'*Egeo* fu colpito in organi vitali sotto la plancia, e poco dopo centrato nelle motrici dovette fermarsi. Erano trascorsi non più di dieci minuti dall'inizio dell'azione, e il Comandante, capitano di fregata Ugo Fiorelli, giudicando la nave in procinto di affondare ordinò l'abbandono, mentre lui restò a bordo per affondare con la sua nave. Non appena le lance con gli uomini dell'equipaggio si furono allontanate di un centinaio di metri, il *Juno* lanciò quattro siluri, uno dei quali colpì la prora dell'egeo che, dopo essere stato colpito al centro nave da un altro siluro affondò.

Secondo la relazione britannica, non vi fu il tempo di recuperare i superstiti dell'*Egeo*, e i quattro cacciatorpediniere abbandonarono immediatamente la zona per continuare nella ricerca del convoglio, che non riuscirono invece a trovare.[68] Il motivo risiedeva nel fatto che, avendo visto le vampe del fuoco di artiglieria ad una distanza stimata di 30 miglia, l'ammiraglio Giovanola, sull'*Eugenio di Savoia*, aveva ritenuto fosse prudente allontanarsi da quella zona modificando la rotta, con rotte varie, per poi trattenersi, con gli armamenti pronti ad aprire il fuoco, in attesa dell'alba nella zona di Tougeness, il cui faro era spento. Con le prime luci del giorno il convoglio "Arcturus" e la scorta proseguirono la navigazione arrivando a Tripoli alle 17.00 del 24 aprile.[69]

▲ Vista satellitare delle isole Kerkennah dalla quale si intuisce assai bene la natura dei bassi fondali.

---

68   Ufficio Storico della Marina Militare, "Affondamento dell'incrociatore ausiliario Egeo", *Scambio notizie con Ammiragliato britannico*.
69   Aldo Cocchia, *La Marina Italiana nella Seconda guerra mondiale*, Volume II, *La guerra nel Mediterraneo, La difesa del traffico con l'Africa Settentrionale, Tomo 1°, dal 10 Giugno al 30 Settembre 1941*, Roma, 1958, p. 118-122.

▲ l'ammiraglio Giovanola, sull'incrociatore *Giovanni dalle Bande Nere*

▲ L'incrociatore leggero italiano *Luigi Cadorna* in navigazione.

▲ Il cacciatorpediniere britannico *Jersey* in navigazione.
▼ La motonave passeggeri *Egeo*, poi incrociatore ausiliario, il giorno di Pasqua del 1936 a Messina. Da: *Wikipedia*.

▲ Il comandante dell'incrociatore ausiliario *Egeo*, capitano di fregata Ugo Fiorelli. Volle affondare con la sua nave silurata e affondata dal cacciatorpediniere britannico *Juno*, poi il 21 maggio a sua volta affondato nel Canale di Caso da bombardieri italiani Cant.Z.1007 bis del 50 Gruppo dell'Aeronautica dell'Egeo.

Il nuovo preoccupante avvenimento dell'affondamento dell'incrociatore ausiliario *Egeo* costrinse, finalmente, il Comando della Regia Marina ad incrementare la scorta dei proprio convogli anche con le Divisioni d'incrociatori 3ª (*Trieste, Trento, Bolzano*) e 8ª (*Duca degli Abruzzi, Giuseppe Garibaldi*) con la loro squadriglia di cacciatorpediniere di scorta. Da quel momento, fino al mese di febbraio del 1942, i convogli per Tripoli ebbero sempre la protezione rinforzata da una delle divisioni d'incrociatori, compresa la 7ª (*Eugenio di Savoia, Montecuccoli, Duca d'Aosta; Muzio Attendolo*) che nei mesi tra l'aprile e il giugno era stata impiegata in missioni che comportavano la posa di sbarramenti minati nel Canale di Sicilia davanti al porto di Tripoli

Uno dei cacciatorpediniere della 14ª Flottiglia, il *Jersey*, al rientro da una missione infruttuosa, affondò il 2 maggio 1941 per l'esplosione di una mina magnetica tedesca posata da bombardieri He.111 all'entrata del porto di Malta. Ciò bloccò l'entrata a La Valletta, e l'incrociatore *Gloucester* con i cacciatorpediniere *Kipling* e *Kashmi* non poterono rientrare in quel porto, e furono costretti a raggiungere Gibilterra.[70]

Dopo la perdita del *Jersey* i cacciatorpediniere della 14ª Squadriglia, che servivano alla Mediterranean Fleet per le operazioni nelle acque dell'Isola di Creta (che i tedeschi conquistarono con aviosbarco tra il 20 maggio e il 2 giugno 1941) furono sostituiti a Malta da altri quattro cacciatorpediniere della 5ª Flottiglia della Home Fleet (Flotta di casa), il *Kelly* (capitano di vascello "Lord" Louis Mountbatten), *Kaskmir, Kipling* e *Kelvin*, inviati a Malta dalla Gran Bretagna passando per il Mediterraneo occidentale. Ma vi restarono per poco tempo perché anch'essi il 21 maggio furono trasferiti nelle acque di Creta, dove due giorni dopo persero il *Kelly* e il *Kaskmir*, affondati a sud dell'Isola di Gaudo nell'attacco di una formazione di ventiquattro bombardieri in picchiata tedeschi Ju.87 del 1° Gruppo del 2° Stormo Stuka (I./St.G.2) al comando del capitano pilota Hubertus Hitschold.

▲ Il cacciatorpediniere britannico *Kelly*, Era l'unità comando della 5ª Flottiglia Cacciatorpediniere del capitano di vascello Lord Luis Mountbatten, cugino del Re d'Inghilterra e nel 1948 ultimo Viceré dell'India.

---

70   Il *Jersey*, alle ore 07.09 del 2 maggio del 29-30 aprile, finì su una delle mine magnetiche, lanciate precedentemente nel Grand Harbour da cinque aerei tedeschi He 111 della 2ª e 5ª Squadriglia del 4° Stormo da Bombardamento (2./KG.4 e 5./KG.4). Si determinò una fortissima esplosione a centro nave, sotto lo scafo, e il cacciatorpediniere, che nella linea di fila era l'ultima nave della 5ª Flottiglia, fu quasi diviso in due tronconi. Affondò immediatamente, con la perdita di trentasei uomini dell'equipaggio, compresi due ufficiali, proprio all'imboccatura del Grand Harbour che rimase così bloccato per un certo tempo da quel relitto, del quale restano emergenti soltanto le estremità prodiera e poppiera. Ciò costrinse l'incrociatore *Gloucester* e i cacciatorpediniere *Kashmir e Kipling*, che nell'ordine seguivano il *Jersey*, a dirigere verso ovest, portandosi a Gibilterra. Dal momento che il *Jersey* ostruiva il canale di accesso a La Valletta, e vi era l'impossibilità di recuperarlo, fu deciso di farlo saltare con cariche esplosive, che lo demolirono sul posto.

▲ Il cacciatorpediniere *Kelly* in affondamento. Il comandante, capitano di vascello Lord Louis Mountbatten, si allontana su una scialuppa con altri naufraghi.

Ma le perdite subite a Malta e a Creta, furono talmente preoccupanti per la Mediterranean Fleet che il Comandante, l'ammiraglio Cunningham non avrebbe rimandato le sue navi a stazionare a La Valletta fino alla fine di novembre del 1941, per rinforzare la Forza K costituita dai due incrociatori leggeri *Aurora* e *Penelope* e i due cacciatorpediniere *Lance* e *Lively*, che il 22 ottobre vi erano arrivati da Gibilterra per iniziare quella de-vastante azione contro i convogli italiani e tedeschi per la Libia (undici navi mercatili e due cacciatorpediniere affondati in venti giorni), che ebbe termine soltanto quando la Forza K finì sulle mine magnetiche tedesche, posate dagli incrociatori italiani della 7ª Divisione Navale davanti al porto di Tripoli; episodio avvenuto la notte del 19 dicembre, e che costò alla Marina britannica la perdita dell'incrociatore *Neptune* del cacciatorpe-diniere *Kandahar*, mentre danni riporto l'incrociatore *Penelope*, e danni gravissimi l'incrociatore *Aurora* che dovette lasciare il Mediterraneo per lunghe riparazioni. [71]

---

71   La posa delle mine era divenuta urgente dopo il bombardamento del porto di Tripoli, realizzato il 21 aprile 1941 dalle tre corazzate allora presenti nella Mediterranean Fleet, la *Warspite*, la *Valiant* e la *Barham* e dall'incrociatore *Gloucester*, con l'appoggio aereo fornito dalla portaerei *Formidable*. Le tre navi da battaglia furono poi rinforzate dalla *Queen Elizabeth*, arrivata ad Alessandria il 12 maggio con lo svolgimento della grande operazione "Tiger", mediante la quale furono trasportati in Egitto, con un convoglio fatto transitare per il Mediterraneo, 238 carri armati e 43 aerei da caccia Hurricane provenienti dalla Gran Bretagna, con la sola perdita, su uno sbarramento minato italiano presso Capo Bon, di uno dei sei piroscafi, l'*Empire Song*, con il quale affondarono 57 carri armati e 10 caccia. Gli incrociatori italiani, in particolare quelli delle divisioni navali 7ª (*Eugenio di Savoia, Duca d'Aosta, Muzio Attendolo*), e 4ª (*Giovanni dalle Bande Nere, Alberto di Giussano*) che, operarono con i cacciatorpediniere del tipo "Navigatori", furono impiegati per posare sbarramenti minati di tipo offensivo nel Canale di Sicilia, e di tipo difensivo per la protezione del porto di Tripoli. Quest'ultimo era il principale e il più efficiente porto della Libia, dove arrivavano i convogli dell'Asse trasportanti i contingenti di truppe

In seguito ai devastanti attacchi della Luftwaffe, realizzati dal 2° Corpo Aereo (II Fliegerkorps) della 2ª Flotta Aerea (2ª Luftflotte) del feldmaresciallo Albert Kesselring, inviato da Hitler in Sicilia nel mese di dicembre 1941 per soccorrere gli italiani, le ultime navi rimaste a Malta, inclusi i sommergibili, furono costrette a lasciare l'Isola nella prima decade di aprile 1942, quando l'offensiva delle forze aeree tedesche raggiunse nel porto di La Valletta un livello di intensità impressionante e letale. E da quel momento nessuna unità di superficie britannica rientrò a La Valletta per restarvi, se non dopo la vittoria di El Alamein nella seconda metà di novembre 1942, dove incrociatori e cacciatorpediniere entrando subito in azione, senza alcun contrasto da parte della Squadra Navale italiana, che per sottrarsi agli attacchi dell'aviazione nemica fu costretta a ritirarsi, da Napoli, nei porti dell'Alto Tirreno: La Spezia e Genova.

▲ L'incrociatore britannico *Neptune* che, assieme al cacciatorpediniere *Kandahar*, affondò la notte del 19 dicembre 1941, davanti al porto di Tripoli, sulle mine magnetiche tedesche posate dagli incrociatori italiani della 7ª Divisione Navale.

Dall'aprile e fino al novembre del 1942 il compito di attaccare le navi dell'Asse nel Mediterraneo centrale fu continuato soltanto dagli aerei e dai sommergibili britannici, che però, nonostante i rilevanti successi conseguiti, non riuscirono a far cessare il traffico dei rifornimenti dell'Asse per la Libia. Avvenimento che la Marina italiana, dimenticando o ignorando il determinante contributo tedesco con aerei, sommergibili, motosiluranti e mine, considerò, e considera ancora oggi, come la sua vittoria nella Battaglia dei Convogli. Vittoria, che, anche per il salasso delle perdite riportate tra il dicembre 1942 e il maggio 1943 sulla rotta per la Tunisia, e soprattutto nei confronti dell'immunità delle unità navali britanniche attaccanti le cui perdite furono molto modeste, non ci fu affatto, come l'Autore di questo saggio ha dimostrato nei tanti suoi scritti.

***

---

e i materiali. Le operazioni di minamento nelle acque di Tripoli, realizzate tra il maggio e il giugno 1941 alle dipendenze dell'ammiraglio Ferdinando Casardi, Comandante della 7ª Divisione Navale, erano state sollecitate fin dal gennaio dalla Seekriegsleitung (SKL), il Comando operativo della Kriegsmarine, che per l'esigenza aveva fornito alla Marina italiana le sue più efficaci e segrete mine magnetiche.

Nel fare una considerazione finale sul combattimento di Kerkenna, l'annientamento del convoglio "Tarigo" confermo alla Regia Marina la ormai conosciuta superiorità nel combattimento notturno della Royal Navy per preparazione, addestramento, organizzazione e strumentazione del tiro, già espressi in vari promemoria, alcuni dei quali fatti conoscere dall'Autore. Tuttavia, un elemento importante che si ricava dal combattimento notturno delle secche Kerkenna, è il confronto dei lanci di siluri da parte dei due schieramenti di cacciatorpediniere. Considerando che fin dal primo attacco il *Baleno* era stato smantellato e immobilizzato senza poter sparare un colpo di cannone o di mitragliera, da parte italiana restavano il *Luca Tarigo* e il *Lampo*, quest'ultimo gravemente danneggiato, che dovettero fronteggiare quattro cacciatorpediniere, che avevano un numero di lanciasiluri siluri molto maggiore: 36 contro 12.

Nessun siluro britannico, tra i dodici complessivamente lanciati (due dal *Jervis* e tutti i dieci del *Janus*), colpì i due cacciatorpediniere italiani, mentre questi ultimi, lanciando un totale di otto siluri, andarono a segno due volte, con due unità differenti, sul *Mohawk*, prima con il *Luca Tarigo* per poi ricevere il colpo più letale, che lo affondò, dal *Lampo*. Questo dimostra che il combattimento notturno con siluranti (cacciatorpediniere e torpediniere) non era una tattica d'impiego che non era stata impiegata con metodo giusto nelle esercitazioni di anteguerra, come da taluni erroneamente sostenuto. Da parte britannica l'unico siluro andato a segno fu lanciato dal *Janus* contro il piroscafo italiano *Sabaudia* che, già colpito dai proietti del *Nubian*, essendo carico di munizioni affondò esplodendo.

▲ Il cacciatorpediniere *Kandahar*, che affondo nella stessa occasione e nella stessa zona dell'incrociatore *Neptune*.

▲ Il cacciatorpediniere *Baleno* in posa sul ponte con tutto il suo equipaggio durante una commemorazione anteguerra.

▼ Lo stesso cacciatorpediniere *Baleno*, mentre attraversa il tratto di mare presso il ponte girevole di Taranto (USMM)

▲ I cacciatorpedinieri *Lampo Fulmine Folgore* e *Baleno* a Genova nel maggio 1938

▼ Altra infilata di cacciatorpedinieri italiani, questa volta a Gaeta nel 1935: *Lampo* (quarto da sx) con *Strale, Freccia, Fulmine, Folgore* e *Baleno*.

▲ Il cacciatorpediniere *Tarigo* ripreso in navigazione in mare aperto da un'altra nave italiana.

▼ Ancora il Regio cacciatorpediniere *Luca Tarigo* ancorato al molo.

▲ Immagine tipica dei convogli per l'Africa. Fu per proteggere uno di questi che si ebbe la battaglia fra la marina italiana e quella britannica al largo delle coste tunisine.

▼ Le isole tunisine di Kerkenah sorgono poco distanti dalla costa, di fronte alla città tunisina di Sfax. Sono caraterizzate da ampi bassifondi presso le quali finirono incastrate diverse navi da guerra.

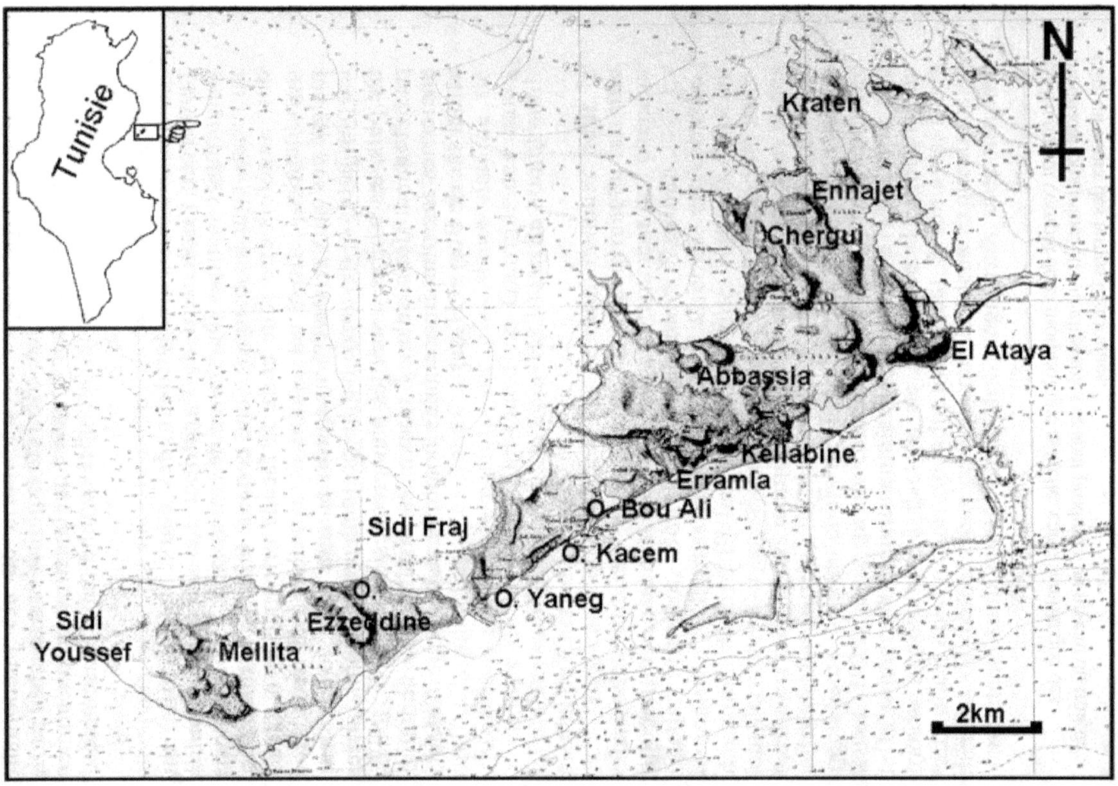

▲ Il cacciatorpediniere *Tarigo* alla fonda vicino alla costa, immagine d'anteguerra.

▼ Interessante immagine che mostra degli ufficiali del *Tarigo*, vi si riconosce a destra Espedito Giuseppe Fantasia, tenente del genio navale che finì disperso nell'affondamento del regio cacciatorpediniere Tarigo nel Mare Mediterraneo sulle Secche di Kerkenah in Tunisia, il 16 aprile 1941.

▲ Illustrazione oleografica e celebrativa del tempo. Mostra l'attimo in cui l'ufficiale di marina superstite E. Besagno, a bordo del Tarigo ormai mortalemnte colpito, riesce a lanciare dei siluri che affonderanno il caccia nemico Mohawk.

BIBLIOGRAFIA

Aldo Cocchia, La Marina Italiana nella Seconda guerra mondiale, Volume II, La guerra nel Mediterraneo, La difesa del traffico con l'Africa Settentrionale, Tomo 1°, dal 10 Giugno al 30 Settembre 1941, Roma, 1958.

Andrew Browne Browne Cunningham, L'odissea di marinaio (dall'inglese A sailor's odyssey), Garzanti, Milano, 1952.

Christopher Shores and Brian Kull with Nicola Malizia, Malta: The Hurricane years 1940-41, Grub Street – London, 1987.

Donald Macintyre, La Battaglia del Mediterraneo (dall'inglese The Battle for the Mediterranean); Sansoni, Firenze, 1965.

Eric Growe. Sea Battles in closu-Up, World War 2, Volume secondo, Ian Allan, London, 1995.

F.H. Hinsley. E.E. Thomas, C.F.G. Ransom, R.C. Knight, British Intelligence in the Second World War, Volume 1°, Her Majesty's Stationery Office, London, 1979.

Francesco Mattesini, L'operazione Gaudo e lo scontro notturno di Capo Matapan", Ufficio Storico della Marina Militare, Roma, 1998.

Francesco Mattesini, L'agguato di Matapan. Errori, omissioni e menzogne di una famosa battaglia navale, RiStampa Edizioni, Santa Rufina di Cittaducale (RI), Giugno 2020.

Francesco Mattesini, Corrispondenza e Direttive Tecnico-Operative di Supermarina, Volume Secondo I Tomo, Gennaio 1941 – Giugno 1942, Ufficio Storico della Marina Militare, Roma, 2001.

Francesco Mattesini, L'attività aerea italo-tedesca nel Mediterraneo. Il contributo del "X Fliegerkorps" Gennaio – Maggio 1941, Aeronautica Militare Ufficio Storico, II edizione riveduta e ampliata, Roma 2003

G.G. Connell, Mediterranean Maelstrom. HMS Jervis and the 14th Flotilla, William Kimber –London, 1987.

Historical Section Admiralty, Mediterranean, September 1939 – October 1940, Volume I, London, 1952, p. 89. Il libro, declassificato, é stato ristampato, con introduzione di David Brown, con il titolo: The Royal Navy and the Mediterranean, Volume II, November 1940- December 1941, Whitehall Historical Publishing, London – Portland, OR, 2002.

I.S.O. Playfair & C.J.C. Molony, The Mediterranean and Middle East, Volume II, The Germans Come To The Help Their Ally (1941), HMSO, London.

Kenneth Poolman, Night Strike from Malta. 830° Squadron RN and Rommel's Convoy, Jane Publishing Company, Lçondon – Sydney, 1980.

Mario Peruzzi, Le missioni avventurose d'una squadra di navi bianche, Ufficio Storico della Marina Militare, Roma, 1952.

Peter C. Smith & Edwin Walker, Malta striking force, Ian Allen, London 1974.
Romeo Bernotti, La guerra sui mari nel conflitto mondiale 1939-1941, Volime 1°, Socierà Editrice Tirrena, Livorno, 1947

Romeo Bernotti, Storia della guerra nel Mediterraneo (1940-43), II Edizione, Vito Bianco Editore, Roma – Milano – Napoli, Ottobre 1960.

Stephen Wentworth Roskill, The War at Sea, Volume I, The Defensive, HMSO, London, 1954.

Supplement to The London Gazette dell'11 May 1948 n. 38287, Report of an Action Against an Italian Fleet Convoy on the Night of 15th(16th April 1941.

Winston Churchill, La Seconda guerra mondiale, Volume 3°, Mondadori, Milano, 1971.
DOCUMENTAZIONE D'ARCHIVIO
Archivio Ufficio Storico della Marina Militare, Relazione ufficiale inglese sull'affondamento del C.T. TARIGO (notte sul 15/16 Aprile 1941 [da Supplement to The London Gazette dell'11 may 1948 n. 38287, Report of an Action Against an Italian Fleet Convoy on the Night of 15th(16th April 1941]. Estratto dal Bollettino Riservato N. 30 di MARISTAT. I.N. Giugno 1949.

Archivio Ufficio Storico della Marina Militare, Rapporto relativo al combattimento sostenuto dal CC.TT. "TARIGO" – "BALENO" e "LAMPO" la notte del 16 aprile 1941-XIX. Relazioine del Comandante del cacciatorpediniere LAMPO.

Archivio Ufficio Storico della Marina Militare, Supermarina – Rapporto relativo al combattimento sostenuto dai CC.TT. "TARIGO" – "BALENO" E "LAMPO" la notte del 16 Aprile 1941-XIX, Scontri navali e operazioni di guerra, b. 30, 16 aprile 1941 attacco al convoglio "Tarigo" zona di secche di Kerkenna.

Archivio Stato Maggiore della R. Marina – Centro documentazione storica, Attacco da parte delle forze leggere al convoglio "Tarigo" presso le secche di Kerkenna (16 aprile 1941). Francesco Mattesini, in Corrispondenza e Direttive Tecnico-Operative di Supermarina, Volume Secondo I Tomo, Gennaio 1941 – Giugno 1942, Ufficio Storico della Marina Militare, Roma, 2001, Documento n. 151, p. 403-404.

Archivio Ufficio Storico Marina Militare, "Distruzione di un convoglio presso le secche di Kerkenna", Scambio notizie con Ammiragliato britannico.
Ufficio Storico della Marina Militare, "Affondamento dell'incrociatore ausiliario Egeo", Scambio notizie con Ammiragliato britannico.

Archivio Stato Maggiore Aeronautica Ufficio Storico, "Ufficio di Collegamento con X C.A.T." [Corpo Aereo Tedesco] fondo DCHg 65, Cartella X.

Diario di Guerra della Seekriegsleitung, KTB 1.Skl, A, vol. 20, 16.04.1941.

TITOLI GIÀ PUBBLICATI - TITLES ALREADY PUBLISHING

BOOKS TO COLLECT